KÖNIGS ERLÄUTERUNGEN

Band 86

Textanalyse und Interpretation zu

Hermann Hesse

NARZISS UND GOLDMUND

Maria-Felicitas Herforth

Alle erforderlichen Infos für Abitur, Matura, Klausur und Referat plus Musteraufgaben mit Lösungsansätzen

Bange Verlag

Zitierte Ausgabe:
Hesse, Hermann: *Narziß und Goldmund.* Frankfurt am Main: Suhrkamp, 1975 (Suhrkamp-Taschenbuch Nr. 274).

Über die Autorin dieser Erläuterung:
Maria-Felicitas Herforth, geboren 1980, Studium der Anglistik und Germanistik an der Ruhr-Universität Bochum (1999–2005), Studienaufenthalt in Großbritannien (2001–2002), 2005–2006 Doktorandin und wissenschaftliche Hilfskraft im Englischen Seminar der Ruhr-Universität Bochum, 2007-2009 Studienreferendarin, seit 2009 Studienrätin in den Fächern Englisch und Deutsch, Autorin von Königs Erläuterungen.

Hinweis:
Die Rechtschreibung wurde der amtlichen Neuregelung angepasst.
Zitate von Hesse müssen aufgrund eines Einspruches in der alten Rechtschreibung übernommen werden.

1. Auflage 2011
ISBN 978-3-8044-1927-8

Titelbild: Kreuzgang Zisterzienserkloster Maulbronn
© ullstein bild – Imagebroker.net
Druck und Weiterverarbeitung: Tiskárna Akcent, Vimperk

1. DAS WICHTIGSTE AUF EINEN BLICK – SCHNELLÜBERSICHT

Die folgende Übersicht ermöglicht dem Leser, sich rasch in unserem Band zurechtzufinden und das für ihn Interessante gleich zu entdecken.

Kapitel 2: Hermann Hesse: Leben und Werk

⇨ S. 10 ff.
→ Hermann Hesse lebte von **1877 bis 1962**, u. a. in Calw und Montagnola/Tessin.

⇨ S. 14 ff.
→ In *Narziß und Goldmund* greift Hesse sein Leitthema der Polarität und Individualitätsproblematik vor dem Hintergrund der politisch und gesellschaftlich ‚zerrissenen' Phase der Weimarer Republik auf.

Kapitel 3: Textanalyse und -interpretation

Narziß und Goldmund – Entstehung und Quellen:

⇨ S. 17 ff.
Entstehungszeitraum 1927–1929 hauptsächlich in Montagnola; im Roman finden sich Anklänge an Hesses eigene Schulzeit im Kloster Maulbronn. (Abschnitt 3.1)

Inhalt:

⇨ S. 20 ff.
Der junge Goldmund, der ohne Mutter und Geschwister aufgewachsen ist, wird von seinem Vater in die Klosterschule Mariabronn gebracht, wo er sich besonders mit dem klugen Narziß anfreundet. Von einem heimlichen Ausflug ins nahe gelegene Dorf und dem Kuss eines Mädchens innerlich bewegt, rückt Goldmund nach einem Gespräch mit Narziß das verdrängte Bild seiner Mutter ins Bewusstsein. In Träumen erinnert er sich an Mutter und

Kindheit, fühlt sich zunehmend mehr von der Welt und Frauen angezogen und verlässt schließlich das Kloster und Narziß. Jahrelang wandert er ziellos umher und trifft viele Frauen, mit denen er erotische Beziehungen, aber keine dauerhafte Bindung eingeht.

Schließlich lässt er sich bei einem Schnitzer in der Bischofsstadt nieder, dessen aus Holz gefertigte Mutter-Gottes-Figur ihn beeindruckt hat, und der ihn in die Lehre nimmt.

Doch auch von dort zieht er weiter, diesmal gemeinsam mit dem Landstreicher Robert und dem Dienstmädchen Lene, die seine Geliebte wird. Lene stirbt an der Pest, nachdem sie sich bei einem Landstreicher angesteckt hat, als dieser versucht hat, sie zu vergewaltigen. Goldmund hat den Landstreicher getötet und damit die Vergewaltigung verhindert; Robert zieht allein davon.

Als Goldmund wieder in die Bischofsstadt zurückkehrt, ist sein ehemaliger Meister bereits gestorben, doch er bleibt und verführt die Geliebte des Stadthalters. Auf frischer Tat ertappt, wird er verhaftet und, wegen vermeintlichen Diebstahls, zum Tode verurteilt. Ein Priester besucht ihn: Es ist sein alter Freund Narziß, der die Freilassung Goldmunds bewirkt und ihn zurück ins Kloster Mariabronn bringt. Dort lebt Goldmund fortan als Schnitzer, bricht jedoch nach langer Zeit erneut auf in die Welt und kehrt zuletzt todkrank zurück. Narziß pflegt den Sterbenden und führt mit ihm Gespräche über die Mutter, im Zeichen derer Goldmund seine letzten, Narziß tief bewegenden Worte spricht: „Ohne Mutter kann man nicht sterben." (Abschnitt 3.2)

Aufbau:

In *Narziß und Goldmund* nutzt Hesse die Form der Erzählung für seine spezifische Ausgestaltung des Entwicklungsromans als Seelenbiografie, in der er mit bestimmten Strukturzügen und Erzählmustern die seelische Entwicklung des Protagonisten (Indi- ⇨ S. 37 ff.

viduationsprozess) in den Mittelpunkt des Geschehens rückt. Die Erzählung umfasst zwanzig Kapitel von nahezu gleichem Umfang und Aufbau und ist gekennzeichnet durch die Integration zweier paralleler Handlungsebenen (äußere Entwicklung ↔ innere Entwicklung), die antithetisch aufeinander bezogen sind. Das dialektische Handlungsgefüge spiegelt sich in dem Erzählverlauf wider, der durch den Wechsel zwischen „raffendem" auktorialen Erzählerbericht und von erlebter Rede oder Gedankenreferaten konstituierten Reflexionsphasen bestimmt ist.

⇨ S. 43 ff.

Bedeutende **Leitmotive** gehen von dem **Polaritäts-Gedanken** aus, der bereits die Figurenkonstellation und -konzeption von Narziß und Goldmund bestimmt. Symbolische Verweise auf dialektische Zusammenhänge, Elemente der Psychoanalyse (Tier- und Traumsymbole), Fluss- und Wassermotivik mit ihrem Synthesegedanken sowie das Bild der Urmutter strukturieren den Roman und geben auf metaphorischer Ebene Hinweise auf die Deutung des Dargestellten. (Abschnitt 3.3)

Personen:

⇨ S. 50 ff.

Narziß und Goldmund sind die einander zugeordneten **Parallel- und Kontrastprotagonisten** der Erzählung. Während Narziß über besondere intellektuelle Gaben verfügt und zu einem Leben als asketischer Denker und Mönch bestimmt ist, repräsentiert sein Freund Goldmund die sinnliche Natur eines zum Künstlerdasein geborenen Menschen, die diesen jedoch auch in problematische Verwicklungen verstrickt. Goldmund zieht es aus dem Klosterleben hinaus in die Welt der menschlichen, von Leidenschaften und Wolllüsten bestimmten Erfahrungen. Er führt das Leben eines Landstreichers, begeht ‚Schandtaten' und lernt Stück für Stück sich selbst und seine Suche nach der ‚Urmutter' begreifen. Narziß übernimmt eine **Begleiterrolle** für Goldmund, indem er ihm auf seinem **Individuationsweg** mit verständigem Rat zur Seite steht. (Abschnitt 3.4)

Stil und Sprache:

Stil und Sprache werden von dem Konzept der Seelenbiografie bestimmt und sind somit insgesamt von einem **reflektorischen**, das Innere und Unbewusste aufspürenden Stil geprägt und gehen mit der Erzählperspektive einher. (Abschnitt 3.6) ⇨ S. 69 ff.

Interpretationsansätze:

Für eine thematische Interpretation von *Narziß und Goldmund* bietet sich die Deutung der Erzählung unter dem Gesichtspunkt der **Kunst** als Medium zur Vereinigung von Gegensätzen an, ebenso die Untersuchung der verschiedenen **Motivverbindungen** im Roman. Die Gestaltung der Idee des **Vollkommenen** und das Verhältnis Goldmunds zu **Frauen** fordern ebenfalls zu einer Interpretation heraus. (Abschnitt 3.7) ⇨ S. 72 ff.

2. HERMANN HESSE: LEBEN UND WERK

2.1 Biografie

Hermann Hesse
1877–1962
© Cinetext

JAHR	ORT	EREIGNIS	ALTER
1877	Calw	Geburt am 2. Juli; zweites Kind des aus Estland stammenden Missionars und späteren Leiters des Calwer Verlagsvereines Johannes Hesse und seiner Frau Marie, geb. Gundert, der ältesten Tochter des namhaften Indologen und Missionars Hermann Gundert.	
1881–1886	Basel	Johannes Hesse unterrichtet bei der Basler Mission und erwirbt 1883 die Schweizer Staatsangehörigkeit (zuvor: russische Staatsangehörigkeit). Der junge Hermann Hesse ist ein willensstarkes, vielseitig interessiertes Kind – voll Phantasie, Energie und Temperament.	4–9
1886–1891	Calw und Göppingen	Schulbesuch des Reallyzeums und der Lateinschule.	9–14
1891–1892	Maulbronn	Nach sieben Monaten Flucht aus dem Kloster-Seminar zur Verteidigung der früh erkannten Neigung zum Dichtertum gegen eine Theologielaufbahn.	14–15
1892–1894	Bad Boll; Stetten; Cannstatt	Selbstmordversuch während einer Kur im religiösen Heil- und Erweckungszentrum Bad Boll; Überweisung in die Nervenheilanstalt Stetten; Aufnahme in das Gymnasium von Cannstatt.	15–17
1894–1895	Calw	Praktikant in der Turmuhrenfabrik Perrot. Beginn des systematischen Literaturstudiums in der häuslichen Bibliothek. Überwindung der psychischen Krise.	17–18

JAHR	ORT	EREIGNIS	ALTER
1895–1898	Tübingen	Buchhändlerlehre in der Buchhandlung Heckenhauer mit anschließender Übernahme als Buchhandlungsgehilfe. Erste Buchpublikation *Romantische Lieder* 1898.	18–21
1899–1903	Basel	Buchhändler und Antiquar. Zwei Italienreisen.	22–26
1904	Gaienhofen am Bodensee	*Peter Camenzind* erscheint im Verlag S. Fischer; Eheschließung mit Maria Bernoulli (zwei Söhne); freier Schriftsteller und Mitarbeiter zahlreicher Zeitungen und Zeitschriften.	27
1906	Gaienhofen am Bodensee	*Unterm Rad* (Erzählung)	29
1907	Gaienhofen am Bodensee	*Diesseits* (Erzählungsband)	30
1907–1912	Gaienhofen am Bodensee	Mitherausgeber der politischen liberalen Zeitschrift *März*; 1910 *Gertrud*; 1911 Indienreise	30–35
1914–1919	Bern	*Roßhalde* (Roman); Tätigkeit in der Deutschen Gefangenenfürsorge Bern; Herausgeber der *Deutsche(n) Interniertenzeitung* und Gründer des Verlages der Bücherzentrale für deutsche Kriegsgefangene	37–42
1915	Bern	*Knulp. Drei Geschichten aus dem Leben Knulps; Am Weg*	38
1916	Bern; Luzern	Tod des Vaters, beginnende Schizophrenie seiner Frau und Erkrankung des jüngsten Sohnes führen zu einem Nervenzusammenbruch Hesses. Erste psychotherapeutische Behandlung bei dem C. G. Jung-Schüler J. B. Lang.	39

2.1 Biografie

JAHR	ORT	EREIGNIS	ALTER
1917	Bern	Erste Zeitungs- und Zeitschriftenpublikationen unter dem Pseudonym Emil Sinclair.	40
1919	Montagnola/ Tessin	*Demian. Die Geschichte einer Jugend* erscheint unter dem Pseudonym Emil Sinclair.	42
1922	Zürich	Psychoanalyse bei C. G. Jung. *Siddhartha. Eine indische Dichtung*	45
1924	Bern	Hesse wird Schweizer Staatsbürger. Heirat mit Ruth Wenger.	47
1926		Aufnahme in die preußische Dichterakademie.	49
1927	Montagnola/ Tessin	*Die Nürnberger Reise; Der Steppenwolf* Scheidung der zweiten Ehe	50
1930	Montagnola	***Narziß und Goldmund***	53
1931	Montagnola	Eheschließung mit Ninon Dolbin, geb. Ausländer	54
1932	Montagnola	*Die Morgenlandfahrt*	55
1932–1943	Montagnola	Entstehung des *Glasperlenspiels*	55–66
1936	Montagnola	*Stunden im Garten;* Gottfried-Keller-Preis	59
1939–1945	Montagnola	Hesses Werke gelten im Nazi-Deutschland als unerwünscht	62–68
1943	Montagnola	*Das Glasperlenspiel. Versuch einer Lebensbeschreibung des Magister Ludi Josef Knecht samt Knechts hinterlassenen Schriften*	66
1946	Montagnola; Stockholm	*Krieg und Frieden* (Betrachtungen zu Krieg und Politik seit dem Jahr 1914); Goethe-Preis der Stadt Frankfurt am Main; **Literaturnobelpreis**	69

JAHR	ORT	EREIGNIS	ALTER
1951	Montagnola	*Späte Prosa* und *Briefe*	74
1955	Montagnola; Frankfurt/M.	*Beschwörungen*, *Späte Prosa/Neue Folge* Friedenspreis des Deutschen Buchhandels	78
1962	Montagnola	Tod Hesses am 9. August[1]	85

---

1 vgl. Michels, Volker (Hg.): *Hermann Hesse. Sein Leben in Bildern und Texten*. Frankfurt am Main: Suhrkamp, 1979, S. 354–358 und Weingarten, Ulrike: Chronik zu Hermann Hesses Leben und Werk. *Text und Kritik. Zeitschrift für Literatur*, 10/11, S. 116–122.

2.2 Zeitgeschichtlicher Hintergrund

ZUSAMMENFASSUNG

Wichtig um 1927-1929:
In dieser Phase der Weimarer Republik zwischen den beiden Weltkriegen ist Deutschland von politischen und wirtschaftlichen Umbrüchen und insgesamt einer Zerrissenheit innerhalb der Gesellschaft gekennzeichnet, wovon radikale Gruppierungen, wie beispielsweise die NSDAP, profitieren (Hitlerputsch: 9.11.1923). Gesellschaftlich und politisch verfasst Hesse auch mit *Narziß und Goldmund* einen Gegenentwurf zu einer Zeit, in der das Denken und die Individualität Stück für Stück entwertet und abgebaut werden (Hitlers Machtergreifung 1933, Diktatur der NDSAP).

Zeit gesellschaftlicher, politischer und wirtschaftlicher Umbrüche

Oktoberverfassung

Die Schaffensperiode der Erzählung *Narziß und Goldmund* ist auf die Jahre 1927–1929 festzulegen, eine Zeitspanne, in der Deutschland von politischen und wirtschaftlichen Umbrüchen gekennzeichnet ist. Der Erste Weltkrieg (1914–1918) und die daran anschließenden gesellschaftlichen und politischen Umwälzungen prägen die Lebensumstände in Deutschland. Mit dem Inkrafttreten der Oktoberverfassung vom 28. Oktober 1918 vollzieht sich zunächst der Wandel des wilhelminischen Kaiserreichs in eine parlamentarische Demokratie. Die von den Entbehrungen des Krieges gezeichneten Teile der Bevölkerung sehen in Kaiser Wilhelm II. den Hauptschuldigen an ihrer Not. Als die deutsche Niederlage des Krieges feststeht, gehen die Sozialdemokraten und andere linksorientierte Gruppierungen auf klaren Konfrontationskurs zur Monarchie; Streiks und Massendemonstrationen sind die Folge. Der Kieler Matrosenaufstand vom 2. Oktober 1918 ist der erste

Höhepunkt dieses Gegenstromes. Die Unruhen eskalieren in der Novemberrevolution vom 9. November 1918; der Kaiser dankt ab und geht ins Exil, die Republik wird ausgerufen und am 19. Januar 1919 durch das Votum der verfassunggebenden Nationalversammlung in Weimar als solche bestätigt.

November-revolution

Die politische Landschaft ist von vielen Einzelparteien gekennzeichnet, was die politische Zerrissenheit innerhalb der Gesellschaft widerspiegelt. In der Folgezeit kommt diese durch viele Aufstände rechts- und linksgerichteter Republikfeinde zum Ausdruck. Mit dem Inkrafttreten des Versailler Vertrags vom 10. Januar 1920 verschlimmert sich die soziale Lage der Bevölkerung und vor allem rechte Kräfte werden radikaler. Durch die auferlegten Reparationsleistungen erhöht sich die wirtschaftliche Not innerhalb der Bevölkerung. Als Folge von nicht geleisteten Reparationsleistungen kommt es am 11. Januar 1923 zur Besetzung des Ruhrgebiets durch französische und belgische Truppen. Die Ruhrbesetzung bewirkt ein sprunghaftes Erhöhen der Inflationsrate.

Inkrafttreten des Versailler Vertrags

Wirtschaftliche Not

Radikale Parteien, wie beispielsweise die NSDAP, profitieren von der krisenhaften Entwicklung, was sich am 9. November 1923 im sogenannten Hitlerputsch manifestiert. Die Zerrissenheit der Gesellschaft wird in der Folgezeit durch häufige Regierungswechsel deutlich und führt schließlich zur Machtergreifung Hitlers (1933) und zur Diktatur der NSDAP, die in den Zweiten Weltkrieg (1939–1945) mündet.

Hitlerputsch

1933 Machtergreifung Hitlers

Diktatur der NSDAP

Zusammenfassend kann man sagen, dass die Zeit der Weimarer Republik von Strömungen und Gegenströmungen – wie Wilhelminismus und Westliche Demokratie oder Nationalismus und Sozialismus – gekennzeichnet ist.

2.3 Angaben und Erläuterungen zu wesentlichen Werken

Bei der Lektüre von Hermann Hesses Werken lassen sich, neben den alle Werke kennzeichnenden autobiografischen Zügen, viele Ähnlichkeiten hinsichtlich Thematik, Komposition und Motivik feststellen. Typische Themen sind die Entwicklung und Erziehung eines Jugendlichen und das Suchen nach Einheit und Vollkommenheit vor dem Hintergrund einer wirtschaftlich, politisch und moralisch „zerrissenen" Gesellschaft, die vor ständigen Umbrüchen steht. „Für mich", so schreibt Hesse in einem Brief, „ist der *Knulp* und der *Demian*, der *Siddhartha*, der *Klingsor* und der *Steppenwolf* oder *Goldmund* jeder ein Bruder des anderen, jeder eine Variation meines Themas."[2]

Die auffälligsten Verbindungen zu *Narziß und Goldmund* sind in der folgenden Übersicht dargestellt.

---

2 Unseld, Siegfried (Hg.): *Hermann Hesse. Eine Werkgeschichte.* Frankfurt am Main: Suhrkamp, 1973, S. 132.

3. TEXTANALYSE UND -INTERPRETATION

3.1 Entstehung und Quellen

ZUSAMMENFASSUNG

1927-1929	***Narziß und Goldmund*** entsteht hauptsächlich in Montagnola.
1929/30	Vorabdruck mit dem Untertitel *Geschichte einer Freundschaft* in der Zeitschrift *Die Neue Rundschau.*
1930	Erscheinen in Buchform ohne Untertitel

Im Roman finden sich Anklänge an Hesses eigene Schulzeit im Kloster Maulbronn.

Hesses Schreibmaschine in Montagnola © Cinetext

An der ersten Niederschrift seiner Erzählung *Narziß und Goldmund* arbeitete Hermann Hesse von April 1927 bis Januar 1929. Einzelne Textpassagen wurden im Verenahof in Baden, in Zürich und in St. Moritz verfasst, der Hauptteil des Romans entstand in Montagnola. Von Ende Januar 1929 bis Ende März 1929 entstanden die zweite

Titelfindung

Fassung und die Reinschrift der Erzählung, für deren Titel Hesse zunächst drei Varianten vor Augen hatte: *Narziß oder der Weg zur Mutter*, *Das Lob der Sünde* und schließlich *Narziß und Goldmund* mit dem Untertitel *Geschichte einer Freundschaft*, der Titel, der für den Vorabdruck in der Zeitschrift *Die Neue Rundschau* 1929/30 verwendet wurde. In der Erstausgabe, publiziert vom S. Fischer Verlag, entfiel der Untertitel.

Bekannte Themen

In seiner Erzählung *Narziß und Goldmund* griff der Autor erneut Themen auf, mit denen er sich bereits in seinen frühen Werken beschäftigt hatte, so zum Beispiel die **Individualitätsproblematik**, die **Polarität/Dialektik der menschlichen Grundtriebe** oder das **Künstlerdasein**.

Hesses „Idee von Deutschland" als Intention

In einem Brief an Mia Engel aus dem Jahre 1933 schildert Hesse seine Motivation für die Ansiedlung der Erzählung in einem fiktiven Mittelalter und in einem ihm durch seine eigene Schulzeit im Kloster Maulbronn bekannten Ambiente, weshalb seine Leserschaft ihm eine „Flucht in die Vergangenheit" vorgeworfen habe:

> „Ich (...) habe in diesem Buch der Idee von Deutschland und deutschem Wesen, die ich seit der Kindheit in mir hatte, einmal Ausdruck gegeben und ihr meine Liebe gestanden – gerade weil ich alles, was heute spezifisch ‚deutsch' ist, so sehr hasse."[3]

---

3 Ebd., S. 136.

Obwohl der Roman bereits im ersten Jahr in mehreren Auflagen mit insgesamt 40.000 Exemplaren erschien und auch in Literatenkreisen höchste Anerkennung fand[4], erntete *Narziß und Goldmund* unter dem Einfluss nationalsozialistischer Herrschaft „Vorwürfe und Entrüstungsausbrüche", wie der Autor folgendermaßen berichtet:

Vorwürfe als Reaktion unter NS-Herrschaft

> „Es erschien nicht lang vor der letzten Krieger- und Heldenepoche Deutschlands und war im hohen Grade unheldisch, unkriegerisch, weichlich und, wie man mir sagte, zur zuchtlosen Lebenslust verführend, es war erotisch und schamlos, deutsche und schweizerische Studenten waren dafür, daß es verbrannt und verboten werden müsse, und Heldenmütter teilten mir, unter Anrufung des Führers und der großen Zeit, ihre Entrüstung in oft mehr als unartigen Formen mit."[5]

Schließlich durfte der Roman unter nationalsozialistischer Herrschaft im Jahre 1941 nicht neu gedruckt werden, da darin die Erzählung eines Pogroms vorkomme, so Hesse in einem Brief, und da er es ablehne, diese Erzählung bei einem Neudruck wegzulassen.[6]

Druckverbot im Jahr 1941

Bis zum Jahr 1973 blieb *Narziß und Goldmund* schließlich mit einer Gesamtauflage von 735.000 Exemplaren Hesses meistgekauftes Buch im deutschen Sprachraum.[7]

Narziß und Goldmund trägt den Untertitel ***Erzählung***, weist jedoch als umfassendes Werk in Prosa viele verschiedene Züge anderer Erzählformen auf, etwa des **Entwicklungsromans**, der Novelle oder der Legende. Im Allgemeinen wird die Erzählung als Roman behandelt.

---

4 Thomas Mann schreibt zum Beispiel im Jahre 1930: „*Von den Darbietungen der älteren Generation hat mich Hermann Hesses Roman ‚Narziß und Goldmund' am meisten beglückt, ein wunderschönes Buch in seiner poetischen Klugheit, seiner Mischung aus deutsch-romantischen und modern-psychologischen, ja psychoanalytischen Elementen.*" (Ebd., S. 139)

5 Ebd., S. 135 (Auszug aus *Engadiner Erlebnisse*).

6 Ebd., S. 136.

7 Hsia, Adrian (Hg.): *Hermann Hesse im Spiegel der zeitgenössischen Kritik*. Bern: A. Francke AG Verlag, 1975, S. 4.

3.2 Inhaltsangabe

ZUSAMMEN-FASSUNG

In der Klosterschule Mariabronn befreundet sich der junge Goldmund mit dem klugen Narziß. Vom Kuss eines Mädchens innerlich bewegt, rückt Goldmund nach einem Gespräch mit Narziß das verdrängte Bild seiner Mutter ins Bewusstsein. In Träumen erinnert er sich an Mutter und Kindheit, fühlt sich zunehmend mehr von der Welt und Frauen angezogen und verlässt schließlich das Kloster und Narziß. Jahrelang wandert er ziellos umher und trifft viele Frauen, mit denen er erotische Beziehungen, aber keine dauerhafte Bindung eingeht. Bei einem Schnitzer in der Bischofsstadt, dessen aus Holz gefertigte Mutter-Gottes-Figur ihn beeindruckt hat, lässt er sich nieder und geht dort in die Lehre. Lange hält es ihn auch dort nicht. Gemeinsam mit dem Landstreicher Robert und dem Dienstmädchen Lene, die seine Geliebte wird, zieht er weiter. Doch Lene stirbt schließlich an der Pest und Robert zieht allein davon. Als Goldmund wieder in die Bischofsstadt zurückkehrt, ist sein ehemaliger Meister gestorben. Nachdem er die Geliebte des Stadthalters verführt hat, wird er ertappt, als vermeintlicher Dieb verhaftet und zum Tode verurteilt. Ein Priester besucht ihn: Es ist sein alter Freund Narziß, der die Freilassung Goldmunds bewirkt und ihn zurück ins Kloster Mariabronn bringt. Dort lebt Goldmund als Schnitzer, bricht jedoch nach langer Zeit erneut auf und kehrt zuletzt todkrank zurück. Narziß pflegt den Sterbenden und führt mit ihm Gespräche über die Mutter, im Zeichen derer Goldmund seine letzten, Narziß tief bewegenden Worte spricht: „Ohne Mutter kann man nicht sterben."

Erstes Kapitel

Der junge Goldmund wird von seinem Vater ins Kloster Mariabronn gebracht, wo ihm die beiden außergewöhnlichsten Bewohner vorgestellt werden: der alte Abt Daniel und der begabte Novize Narziß.

Goldmund kommt in der Klosterschule Mariabronn an.

Der Novize Narziß ist in der Klosterschule Mariabronn seiner besonderen Gaben wegen bereits Lehrgehilfe, als der junge Goldmund von seinem Vater, einem kaiserlichen Beamten, zum Studium in die Klosterschule gebracht wird. Goldmund, der ohne Mutter und ohne Geschwister aufgewachsen ist, weiß sich nach seiner ersten Begegnung mit dem unterrichtenden Narziß am richtigen Ort. Nachdem er sich in einer anfänglichen Rempelei mit einem Mitschüler erfolgreich durchgesetzt und neue Kameraden gewonnen hat, fühlt er sich dem klösterlichen Kreise zugehörig. Das Rösslein Bless, das sein Vater bei der Aufnahme Goldmunds in die Klosterschule dem Kloster zum Geschenk gemacht hat, ist Goldmunds Trost in Stunden des Heimwehs.

Zweites Kapitel

Goldmund steht zwischen dem gelehrten Narziß, der eine Hilfslehrertätigkeit ausüben darf, und den Kameraden. Mit Letzteren unternimmt er einen nächtlichen Ausflug, bei dem er von einem Mädchen geküsst wird.

Vorbilder: Abt Daniel und Lehrgehilfe Narziß

Im Kloster empfindet Goldmund besondere Zuneigung zu dem Abt Daniel und zu dem Lehrgehilfen Narziß, deren Tugenden er sich zum Vorbild nimmt: des Abtes Frömmigkeit und Narzißens alles durchblickenden Scharfsinn. Während Goldmund ausschließlich danach strebt, ein guter Schüler zu sein, ins Noviziat aufgenommen und ein frommer Mönch zu werden, erkennt Narziß in Goldmund bald seinen „Gegenpol“ und seine „Ergänzung“.

Ausflug ins Dorf mit Folgen

Nach über einem Jahr wird Goldmund von seinem Mitschüler Adolf durch Mahnung an das Primat der „Schülerehre" zu einem heimlichen, weil verbotenen Ausflug „ins Dorf" verleitet. Während der nächtlichen Zusammenkunft in der Küche zweier Mädchen bemüht sich der das Asketentum anstrebende Goldmund dem jugendlichen Treiben gegenüber gleichgültig zu sein, doch der scheue, kindliche Abschiedskuss des jungen Mädchens wird ihm zum bedrückenden Erlebnis.

Anderntags bemerkt Narziß die innere Not des Knaben und bringt ihn ins Krankenzimmer. Nachdem Goldmund die kloster-üblichen beneficia zu sich genommen hat, erholt er sich, doch ein neuer Schreck kommt hinzu: Statt die Freundschaft Narzißens mit „geistigem Heldentum" zu gewinnen, ist er schwach und jämmerlich vor diesem zusammengebrochen.

Drittes Kapitel

Die Beziehung zwischen Narziß und Goldmund entwickelt sich, wobei auch die Unterschiede merklich werden.

Freundschaft mit dem Gegenpol Narziß

Der Beginn der Freundschaft zwischen Narziß und Goldmund gefällt nur wenigen; es scheint, als hätten die beiden sich hochmütig als Aristokraten von den Mitschülern abgesondert. Doch auch zwischen den Freunden selbst stehen Hindernisse, denn zum einen liegt es Goldmund fern, sich seinen Freund als „Widerspiel" und „Gegenpol" zu denken, zum anderen kann Narziß sein Ziel nicht erreichen, nämlich das zu erkennen, was im Innersten Goldmunds liegt. Erst nach Monaten erfährt Narziß in einem tiefgründigen Gespräch von Goldmunds nächtlichem Ausflug ins Dorf. Endlich öffnet sich Goldmund dem Lehrer und Freund. Jetzt weiß Narziß, dass Goldmund im „Weib", im Geschlecht, den Inbegriff all dessen fühlt, was er „Welt" und „Sünde" nennt. Er erinnert ihn daran,

„Weib" als Goldmunds Inbegriff der „Welt" und „Sünde"

dass Goldmund als Noch-Schüler kein Gelübde verletzt, wenn er der Versuchung erliegt.

Dem Abt Daniel kommt manches an Gerüchten und Anklagen über die Freundschaft der beiden zu Ohren. Da er jedoch Narzißens außergewöhnliche Gaben schätzt und in den Freunden zwei „Ausnahmemenschen“ sieht, hält er sein aufkeimendes Misstrauen zurück.

Während Narziß über Goldmunds Vater nachsinnt, versucht Goldmund, die zwischen ihm und seinen Mitschülern eingetretene Entfremdung zu unterbrechen. Eine erneute Aufforderung, mit ins Dorf zu gehen, weist er jedoch erschrocken zurück.

Viertes Kapitel

In einem Gespräch wird klar, dass sich in Narziß und Goldmund Geistmensch und Sinnenmensch, Denker und Künstler, Asket und Genießer gegenüberstehen. Goldmund bricht zusammen.

Narziß hat erkannt, dass sein Freund einen wichtigen Teil seiner Vergangenheit unter dem Druck irgendeiner Not vergessen hat. Es gelingt ihm, während eines Gespräches in der Bibliothek, das sie „mitten in den Kern“ und „Sinn“ ihrer Freundschaft stellt, ein Bild von den Unterschieden ihrer Natur zu entwickeln, das Goldmund besser annehmen kann. Als der „Seelenleser“ Narziß im Rausche seines Vortrages Goldmund erklärt, er habe seine Kindheit vergessen, nennt er den Dämon, von dem sein Freund besessen ist, beim Namen. Durch diese Worte Narzißens erlebt Goldmund eine gewaltige seelische Erschütterung. Der mittlerweile achtzehnjährige Jüngling flieht in entlegene Bezirke des Klosters, im Kreuzgang bricht er zusammen. Abt Daniel findet den Bewusstlosen und lässt ihn zu Pater Anselm, dem Heilkünstler, bringen, bevor er Narziß über diesen Vorfall und das Gespräch zur Rede stellt. Narziß teilt

Goldmunds Neurose

Die Funktion der Mutter

dem Abt seine Erkenntnis über Goldmunds Seelenleben mit: Die „Quelle" dessen Krankheit sei seine Mutter und alles, was mit ihr zusammenhänge. Trotz neuen Misstrauens gegenüber Narziß erteilt der Abt ihm keine Strafe, sondern lediglich Besuchsverbot. Als Goldmund wieder zu sich kommt, spürt er, dass in seinem Inneren etwas „aufgebrochen" ist und schließlich erkennt er das Bild: Er sieht seine Mutter.

Fünftes Kapitel

Mutterträume und verschüttete Kindheitserinnerungen drängen in Goldmunds Bewusstsein. Narziß und Goldmund unterhalten sich ein letztes Mal vor dem Abschied. Narziß wird endgültig Mönch.

Erinnerung an die Mutter

Bisher hat Goldmund das Wissen über seine Mutter nur aus den Erzählungen anderer gekannt:

> „Eine Tänzerin war sie gewesen, ein schönes wildes Weib von vornehmer, aber unguter und heidnischer Herkunft; Goldmunds Vater hatte sie, so erzählte er, aus Armut und Schande aufgelesen; er hatte sie, da er nicht wußte, ob sie Heidin sei, taufen und in der Religion unterweisen lassen; er hatte sie geheiratet und zu einer angesehenen Frau gemacht. Sie aber, nach einigen Jahren der Zahmheit und des geordneten Lebens, hatte sich ihrer alten Künste und Übungen wieder erinnert, hatte Ärgernis erregt und Männer verführt, war Tage und Wochen von zu Hause weggeblieben, war in den Ruf einer Hexe gekommen und schließlich, nachdem ihr Mann sie mehrmals wieder eingeholt und zu sich genommen hatte, für immer verschwunden." (S. 57)

Erst durch die Hilfe seines Freundes Narziß hat Goldmund das vergessene, „ganz andere Bild" zurückgewonnen, seine eigene,

„erlebte" Erinnerung an die geliebte und verehrte Mutter. Damit hat er zu sich selbst gefunden.

Narziß, der vor Kurzem sein Noviziat beendet hat und sich nun auf das Gelübde vorbereitet, sieht mit Freude den Freund sich von seiner Führerschaft befreien; zuweilen ist er auch traurig, da er weiß, dass seines Freundes Weg nach nun mehr als drei Jahren aus dem Kloster hinausführt. Während Narziß sich zu Askese und geistlichen Übungen zurückzieht, wird Goldmunds Begierde nach den Wissenschaften geringer. Mit der Erinnerung an die Mutter eröffnet sich Goldmund eine Traumwelt, in der er mehr lebt als in der realen. Allmählich wird ihm klar, dass auf ihn eine unbekannte Welt wartet und er nur durch sein Vorbild Narziß Kloster und Mönchtum zum Ziel gehabt hat. Die Freunde beginnen, sich voneinander zu trennen.

Goldmund löst sich von Narziß

Sechstes Kapitel

Während Narziß sich auf das Mönchdasein vorbereitet, entdeckt Goldmund die Welt außerhalb der Klostermauern.

Eines Tages bekommt Goldmund von Pater Anselm den Auftrag, am Nachmittag ein Bündel Johanniskraut zu sammeln. Dankbar hierfür reitet er mit dem Pferd Bless los, sammelt und erfreut sich an der Vielfalt und Weite der Natur. In der Sonne schläft er ein. Als er erwacht, liegt sein Kopf im Schoß einer Frau, die ihn mit einem Kuss begrüßt und zum Liebesspiel verlockt. Erst nach dem wortlosen Sinnenrausch erfährt Goldmund, dass die Verführerin Lise heißt. Goldmund sagt ihr ein Wiedersehen für die kommende Nacht zu, denn er beschließt das Kloster am selben Tag zu verlassen.

Goldmunds erstes Liebeserlebnis

Zurück im Kloster sucht Goldmund sofort Narziß auf, um von ihm Abschied zu nehmen. Obwohl Narziß seine geistigen Übungen in einer der Büßerzellen im inneren Kloster vollzieht, nimmt er

Goldmund verlässt Narziß und das Kloster

sich Zeit für die Trennungsstunde. Narziß, der diesen Augenblick längst erwartet hat, lässt den Freund ziehen. In der Nacht trifft dieser sich mit Lise und verbringt die Nacht mit ihr in einem Heuhaufen.

Siebtes Kapitel

Goldmunds Wanderleben und seine intensiven Erfahrungen von Natur und Frauen beginnen. Die Einkehr bei einem Bauern bringt ihm eine Liebesnacht mit der Bäuerin, die seiner unkomplizierten Anziehung erliegt.

Goldmund auf Wanderschaft

Am anderen Morgen verlässt ihn Lise, da ihr Ehemann sie erwartet. Goldmund ist nicht überrascht, da Narziß ihm zuvor Ähnliches prophezeit hat. Goldmund fühlt zum ersten Mal die offene, weite Welt um sich herum und beginnt seine Wanderschaft. Zwei Tage lang zieht er durch den Wald, ohne herauszufinden. Er beobachtet aufmerksam das Pflanzen- und Tierleben. Da er erkennt, dass ein Leben ohne menschliche Gemeinschaft unerträglich traurig ist, ist er froh, als er schließlich Zeichen der Menschen entdeckt. Er gelangt zu einem Bauernhaus, findet dort Aufnahme und Nahrung. Die Bäuerin, beeindruckt von seiner stattlichen Person, weist ihm ein entfernteres Nachtquartier zu; dort verbringen sie später gemeinsam eine Liebesstunde.

Achtes Kapitel

Goldmund lernt Frauen kennen und beglücken. Den Herbst verbringt er bei einem alten Ritter und dessen zwei jungen Töchtern, die er mitten im Winter aufgrund von Liebesstreitigkeiten verlassen muss.

Goldmund wandert weiter von Ort zu Ort, überall von Frauen begehrt und beglückt, jedoch von keiner begleitet. In kurzer Zeit lernt er viele Liebesarten und Liebeskünste; er spürt, dass der Sinn seiner Wanderschaft darin liegt, die Frauen und die Liebe bis zur Vollkommenheit kennenzulernen.

Frauen und Liebe als Sinn der Wanderschaft

Nach ein oder zwei Jahren Wanderschaft kommt er an den Hof eines wohlhabenden Ritters mit zwei jungen, schönen Töchtern. Als Goldmund anderntags weiterziehen will, fordert ihn der Ritter auf zu bleiben und ihm bei der Abfassung eines Berichtes über seine Pilgerfahrt zu helfen. Goldmund nimmt das Angebot an, nicht zuletzt weil der Winter naht.

Goldmunds Erlebnisse mit den Ritterstöchtern

Erst als Goldmund eines Abends bei Tisch mit der Frau eines Gutsnachbarn kleine Liebkosungen austauscht, bemerkt er bei den beiden prüden Ritterstöchtern Interesse an seiner Person. Am darauf folgenden Tag erklärt Goldmund der achtzehnjährigen Lydia seine Liebe, doch diese entlarvt ihn sofort als „Frauenverführer“. Trotzdem kommen Goldmund und Lydia von nun an täglich heimlich zusammen, doch Goldmund muss sich mit Küssen zufriedengeben, denn Lydia will sich nur von ihrem Bräutigam verführen lassen. Eines Nachts stört die sechzehnjährige Julie die nächtliche Schmusestunde des verliebten Paares. Als Goldmund nun zwischen den zwei Schwestern liegt, kann er seine Lüsternheit gegenüber der jüngeren nicht zurückhalten; Lydia, von Eifersucht gepackt, verlässt sofort mit der Schwester Goldmunds Bett und berichtet ihrem Vater von den Geschehnissen.

Am nächsten Morgen führt der Ritter Goldmund fort und droht ihm mit dem Tode, sollte er je eine Rückkehr zur Burg wagen.

Neuntes Kapitel

Goldmund begegnet einem erfahrenen Landstreicher und ersticht diesen eines Nachts in Notwehr. Kälte und Hunger bringen ihn an den Rand des Todes, er wird jedoch von einer Bäuerin gesund gepflegt.

Noch im Winter muss Goldmund weiterwandern. Bevor er viele Tage und Nächte als Heimatloser verbringt, lässt ihm Lydia durch den Stallknecht ein gestricktes Unterwams, einen Schinken und einen goldenen Dukaten zukommen. Schließlich gelangt Goldmund in ein Dorf, wo neue Erlebnisse auf ihn warten. Zum ersten Mal sieht er eine Geburt und nach den „enttäuschenden Verliebtheiten" der vergangenen Wochen findet sein „Trieb" erneut „Stillung" bei einer Bauersfrau. Auch trifft Goldmund auf den Landstreicher Viktor, mit dem er trotz aufkeimenden Misstrauens zusammen weiterzieht. In der dritten Nacht ihres gemeinsamen Marsches versucht Viktor, Goldmunds Dukaten zu stehlen, während dieser schläft. Als Goldmund sich wehrt, schnürt ihm Viktor den Hals zu. In der Todesangst weiß Goldmund keinen anderen Ausweg, als den Gegner mit seinem kleinen Jagdmesser zu erstechen. Schockiert läuft Goldmund davon. Von Hunger, Durst und Fieberträumen gequält, irrt er in der Winterlandschaft umher, bis er in dem Dorf, in dem er einst Viktor getroffen hat, zusammenbricht. Seine ehemalige Geliebte pflegt ihn wieder gesund.

Goldmund trifft den Landstreicher Viktor

Erster Todschlag Goldmunds

Zehntes Kapitel

Im Frühling gelangt Goldmund in eine reichere Gegend. In einem Kloster beichtet er und entdeckt dort eine Mariengestalt, die ihn tief beeindruckt. Er sucht den Künstler namens Niklaus auf und wird dort zunächst als Gehilfe eingestellt.

Jahrelang wandert Goldmund von Hof zu Hof, von Dorf zu Dorf, von Frau zu Frau. Eines Tages gelangt er auf eine der schönsten Straßen des Reiches. In einem schönen Dorf hält er sich zwei Tage auf, mit einer Bauernmagd namens Franziska bringt er ein paar Morgenstunden in einer Scheune zu. In einem Kloster findet er Obdach für die Nacht und eine Gelegenheit zur Beichte. Als er die Kirche verlassen will, erblickt er in einer Seitenkapelle eine Holzfigur, die Mutter Gottes. Beeindruckt von ihrer lebendigen Schönheit erkundigt er sich bei Pater Bonifazius nach deren Künstler. Meister Niklaus, so der Pater, sei ein als Künstler bekannter Bildschnitzer in der Bischofsstadt. „Verwandelt" macht sich Goldmund auf den Weg in die Bischofsstadt, denn er glaubt jetzt, seine Bestimmung gefunden zu haben.

Die Marienskulptur

Berufung zum Künstlerdasein

Er erreicht nicht, dass Niklaus ihn fest als Lehrling einstellt, doch ist überglücklich, als der Künstler ihm eine Lehrmöglichkeit auf freier Basis anbietet.

Elftes Kapitel

Kunst und Künstlerdasein beschäftigen von nun an Goldmunds Leben; er erfährt die Versöhnung der Gegensätze im Menschen durch die Kunst. Doch nach einigen Jahren und trotz seines Erfolges spürt Goldmund erneut Wanderlust.

Aufenthalt in der Bischofsstadt

Der Aufenthalt in der Bischofsstadt wird zur fröhlichsten und unbeschwertesten Zeit in Goldmunds Leben. Mit Hilfe des Meisters findet er Unterkunft im Haus eines Vergolders und lernt mit Holz, Gips und Farben umzugehen; er ist wieder sesshaft geworden.

Hin und wieder tadelt der Meister Goldmunds Unzuverlässigkeit, doch gleichwohl beobachtet er, dass Goldmund seine Arbeit mit Freude und Eifer verrichtet. Goldmund hat viele Wünsche, so will er beispielsweise die hübsche Meisterstochter Lisbeth als Magdalena und das Bild der weltlichen Eva-Mutter gestalten.

Goldmund schafft eine Figur Narzißens

Väterliche und mütterliche Seite des Lebens

Nach einem Jahr beginnt Goldmund, Narziß in einer Figur als Jünger Johannes darzustellen. Drei Jahre lang arbeitet er mit tiefer Liebe an diesem Kunstwerk und erst jetzt versteht er die einst so fremden Worte des Freundes: Während sein Weg zur „Mutter", zur „Wollust" und zum Tode führt, ist Narzißens Heimat die „väterliche" Seite des Lebens, der Geist. Goldmund schafft es, dieses sein „Gegenspiel" in der Narziß-Figur zu verewigen und erlangt die Anerkennung des Meisters. Doch trotz allen Erfolges in der Stadt ist er nicht froh, denn er hat seine Freiheit dafür geopfert.

Zwölftes Kapitel

Während der Meister ihn als Nachfolger und Schwiegersohn einplant, entscheidet Goldmund, dass die Zeit des Sesshaftseins noch nicht gekommen ist und dass sein Künstlertum noch reifen muss. Das Bildnis der (Ur-)Mutter wird ihm noch nicht gelingen. Der Meister ist enttäuscht, es kommt zu einem bitteren Abschied.

Goldmunds Vision der Urmutter als Mahnung zum Aufbruch

Wie schon an manchem Tag treibt sich Goldmund in der Stadt herum. Er sinniert über das Leid, den Tod und die Vergänglichkeit des Lebens. Als er seine eigene Situation reflektiert – der Meister hat die Zunft bewogen, ihm das Meisterzeugnis auszustellen und wünscht sich Goldmund als Mitarbeiter und Schwiegersohn – hat Goldmund plötzlich „ein Gesicht": Er sieht

> „das Gesicht der Urmutter, über den Abgrund des Lebens geneigt, mit einem verlorenen Lächeln schön und grausig blicken, sah es lächeln zu den Geburten, zu den Toden, zu den Blumen, zu den raschelnden Herbstblättern, lächeln zur Kunst, lächeln zur Verwesung." (S. 175 f.)

Dieser „Ruf“ der Urmutter mahnt Goldmund zum Aufbruch. So nimmt er Abschied von der Stadt und dem Meister, der seine Enttäuschung und Wut offen zeigt und Goldmund rasch die Tür weist.

Dreizehntes Kapitel

Goldmund zieht mit einem neuen Weggefährten weiter: Robert. Sie kommen dorthin, wo die Pest wütet. In einer Totenstadt findet Goldmund ein hübsches, noch gesundes Mädchen und zu dritt bauen sie eine Hütte im Wald weit weg von allem Sterben.

Begegnung mit der Pest

Wieder wandert Goldmund Jahr für Jahr. Eine Zeit lang schließt sich ihm ein anderer Wanderer namens Robert an. Zu zweit kommen sie in eine Gegend, in der die Pest wütet. In einem alleinstehenden Bauernhaus, das Goldmund betritt, findet er fünf Tote, deren Bild er tief in sich aufnimmt. Während sie weiterwandern, stoßen sie überall auf den „schwarzen Tod“, von dem das Land heimgesucht wird. In einer kleinen, verlassenen Stadt sieht Goldmund einer Massenbestattung zu. Hier findet er auch das Dienstmädchen Lene, das mit ihm zieht und für eine Weile seine Geliebte wird. Die drei Wanderer richten sich schließlich in einer verlassenen Hütte ein.

Goldmund, Robert und Lene ziehen in eine verlassene Hütte.

Vierzehntes Kapitel

Gegen Ende des Sommers wird Lene von einem Unbekannten im Wald überwältigt, der herbeieilende Goldmund erschlägt ihn. Seitdem aber ist Lene krank, sie hat die Pest und stirbt. Goldmund wandert weiter durch diese sterbende Welt.

Goldmund beschließt, bald allein weiterzuwandern, für den Winter zu Meister Niklaus zurückzukehren und schließlich, nach zehn Jahren, Narziß im Kloster Mariabronn zu besuchen. Plötzlich wird jedoch das Sommerglück durch einen Landstreicher gestört, der Lene vergewaltigen will. Goldmund erschlägt ihn in rasender Wut. Von dem Landstreicher ist Lene mit der Pest angesteckt worden. Goldmund pflegt sie bis zu ihrem Tode, während er dem „feigen" Robert vorlügt, auch er sei angesteckt worden, damit dieser davoneilt.

Goldmunds zweiter Totschlag

Lenes Tod und Roberts Flucht

Mit der Hütte verbrennt Goldmund die tote Lene und wandert weiter. Wohin er auch gelangt, überall herrschen Pest, Anarchie und Tod. Am schlimmsten empfindet Goldmund den die Menschen befallenden Irrsinn, ihre wahnsinnige Suche nach einem Sündenbock für das unerträgliche Elend. Vor einer kleinen Stadt im Feld, bei einem schwarz verkohlten Trümmerhaufen, entdeckt er die Jüdin Rebekka, deren Vater samt vierzehn anderen Juden auf Befehl der Obrigkeit verbrannt worden ist. Er hilft ihr, den toten Vater zu bestatten, doch seine Werbung um ihre Liebe lässt sie kalt.

Goldmunds Furcht vor dem Tod

Goldmund wandert weiter und je näher er seinem Ziel, der Bischofsstadt und dem Künstlerleben kommt, desto öfter befällt ihn die Furcht vor dem Tod.

Fünfzehntes Kapitel

Er erreicht die Bischofsstadt seines ehemaligen Meisters Niklaus. Doch der Meister ist gestorben. Er kommt bei seinen ehemaligen Wirtsleuten unter, zeichnet und durchstreift die Gegend. Dabei lernt er die schöne Agnes, die Geliebte des Statthalters kennen. Es kommt zur Liebesnacht und eine weitere wird vereinbart.

Meister Niklaus ist gestorben.

Goldmund trifft in der Bischofsstadt ein. Die Pest ist erloschen und man freut sich auf die Rückkehr des Bischofs. Als er das Haus des Meisters Niklaus aufsucht, wird sein Glücksgefühl gedämpft, denn Margit, die alte Hausmagd, erkennt ihn zuerst nicht und teilt ihm mit, dass der Meister gestorben sei. Lisbeth, des Meisters schöne

Tochter, ist zu einer scheuen, hässlichen Jungfer geworden. Bei Maries Eltern, wo er einst gewohnt hat, erfährt er, dass Niklaus gestorben sei, als seine Tochter die Pest befallen habe. Er habe sich an ihr zu Tode gepflegt und starb, noch ehe sie genesen sei. Goldmund verweilt einige Tage bei Maries Eltern und zeichnet Bilder aus seiner Erinnerung. Auf einem Spaziergang begegnet ihm Agnes, die Geliebte des Statthalters, zu der er sich stark hingezogen fühlt. Nach drei Tagen gelingt es ihm, sie zum Gespräch und schließlich auch zu einer Liebesstunde zu verführen.

Goldmund verführt die Geliebte des Statthalters

Sechzehntes Kapitel

Die Liebesnacht endet mit Goldmunds Gefangennahme. In der Nacht vor der Hinrichtung befreit er seine Hände von den Fesseln und wartet auf den Priester, um ihn totzuschlagen und in dessen Kutte zu fliehen.

Einen Tag bringt Goldmund auf den Höhen um die Bischofsstadt zu; er spürt, dass er seine „Bilderwelt der Erinnerungen" durch neue Kunstwerke vor der Vergänglichkeit bewahren muss. Am Abend kommt er wieder zu Agnes, doch diesmal wird das Liebesglück durch den Statthalter zerstört. Zwar gelingt es Goldmund, sich dem Statthalter als Dieb, nicht als Liebhaber der Agnes auszugeben, trotzdem verurteilt der Statthalter ihn zum Tode am folgenden Tag und lässt ihn in einen dunklen Keller abführen. Ein Priester, der zufällig im Schloss residiert, beobachtet, wie Goldmund abgeführt wird und will diesem am nächsten Morgen die Beichte abnehmen.

Der Statthalter verurteilt Goldmund zum Tode

Während Goldmund sich in der Nacht auf den Tod am Galgen vorbereitet, erscheint ihm erneut das Bild seiner Mutter im Traum. Als er erwacht, spürt er seinen Lebensdrang, befreit sich von den Fesseln und plant, den ihm angekündigten Priester zu überreden, ihm zur Flucht zu verhelfen. Sollte dieser sich weigern, will Goldmund ihn erschlagen. Erstaunt stellt Goldmund am Morgen fest, dass der Priester die Ordenstracht des Klosters Mariabronn trägt.

Siebzehntes Kapitel

Der Priester ist Narziß, jetzt Abt Johannes. Er erreicht Goldmunds Begnadigung und sie verlassen die Stadt. Auf dem tagelangen Ritt nach Mariabronn sprechen die beiden über Vollkommenheit, Kunst und Vergänglichkeit und nähern sich dabei erneut an.

Narziß bewirkt Goldmunds Begnadigung

Der Priester trägt auch die Zeichen der Abtswürde und im Lichte der Kerzen erkennt ihn Goldmund: Es ist Narziß, der seit seiner Einkleidung Johannes heißt. Auch dieses Mal ist der Jugendfreund sein Retter, denn Narziß hat Goldmunds Begnadigung bewirkt und den Auftrag erhalten, Goldmund aus der Stadt zu führen. Das Wiedersehen rührt beide zutiefst. Goldmund verabschiedet sich von Marie und ihren Eltern, Agnes sieht er nicht wieder. Auf dem Weg zum Kloster Mariabronn unterhalten sich die Freunde über ihre Erlebnisse der letzten Jahre. Narziß berichtet, dass der Abt Daniel vor acht Jahren gestorben sei und vor einem Jahr auch sein Nachfolger, Pater Martin, weshalb Narziß nun das Amt des Abtes angetreten habe. Narziß bietet Goldmund an, ihm im Kloster eine Werkstatt einzurichten, was diesen glücklich macht, da ihm das Mönchsleben fernliegt.

Rückkehr ins Kloster Mariabronn

In der Burg des Ritters, in der Goldmund einst als Schreiber gedient hat, übernachten sie. Der Ritter und Lydia sind nicht mehr da; den Hof regiert jetzt Julie.

Am nächsten Tag erreichen sie das Kloster.

Achtzehntes Kapitel

Zurück im Kloster richtet sich Goldmund eine Werkstatt ein. Denken und Kunst werden von Narziß und Goldmund erneut reflektiert.

In Mariabronn wohnt Goldmund zunächst in einer der Gastzellen; dann wird ihm in einem Wirtsgebäude ein Quartier gemacht. Mit Narziß führt er viele tiefsinnige Gespräche und erlangt neue Erkenntnis über die Gegensätzlichkeit ihrer Personen. In einem Raum neben dem Hoftor richtet er sich eine Werkstatt ein und beginnt sein neues Kunstwerk, mit dem er Narziß beeindrucken will: Er gestaltet die Vorleserempore im Refektorium der Patres. In seinem Werk will er in den Evangelisten seine liebsten Wegbegleiter verewigen: den Abt Daniel, Pater Martin und Meister Niklaus. Erst jetzt fühlt er sich fähig, Narziß die Beichte abzulegen und die Bußübungen zu befolgen.

Goldmund lebt im Kloster als Künstler

Als die erste Figur des Werkes, Abt Daniel, fertig ist, äußert Narziß seine Freude und Bewunderung.

Neunzehntes Kapitel

Im dritten Jahr treibt es Goldmund wieder auf Wanderschaft und Narziß stellt seinen gewählten Lebensweg des reinen Denkers in Frage.

Schon zwei Jahre lang arbeitet Goldmund an seinem Kunstwerk der Vorleserempore; im zweiten Jahr wird ihm Erich, der Sohn des Schmiedes, als Schüler zugewiesen. Hin und wieder verlässt Goldmund für einige Zeit das Kloster, um die Natur zu genießen. In seinem neuen Werk, einer Marienfigur, will Goldmund Lydia, eine der unvergesslichen Lieben seiner Jugend, verewigen, doch lässt er nun Erich mehr und mehr an dem Werk arbeiten. Goldmund zieht es wieder hinaus in die Ferne. Auch wenn er erkennt, dass er gealtert ist, so beginnt er trotzdem erneut das Wanderleben,

Goldmund schafft eine Marienfigur

Erneute Wanderschaft

nachdem die Marienfigur von Narziß als schönstes Kunstwerk des Klosters gelobt worden ist. Narziß indessen hofft voll Sorge auf Goldmunds baldige Rückkehr.

Zwanzigstes Kapitel

Im Herbst kehrt Goldmund todkrank, aber mit einer neuen inneren Ausgeglichenheit zurück, und stirbt in der zufriedenen Gewissheit, die Mutter gefunden zu haben.

Rückkehr Goldmunds

Am Ende des Sommers kehrt Goldmund zurück, gealtert und hoffnungslos krank. Erst spät gesteht er Narziß den wahren Grund für seine Wanderung: Er ist dem Gerücht gefolgt, der Statthalter der Bischofsstadt sei wieder im Lande. Er habe gewünscht, Agnes wiederzusehen, doch als er sie getroffen habe, habe sie ihn nicht mehr beachtet. Noch zu Beginn seiner Reise, so Goldmund, sei er mit seinem Pferd in einen Fluss gestürzt und eine ganze Nacht lang mit gebrochenen Rippen im Wasser liegen geblieben. Aus Stolz sei er nicht umgekehrt.

Goldmund stirbt glücklich

Narziß erkennt sofort, dass Goldmund bald sterben wird, und ist glücklich, ihn noch einmal bei sich zu haben. Zum ersten Mal berührt er seinen Freund und gesteht ihm seine Liebe und Bewunderung.

Goldmund nimmt glücklich, mit einem Lächeln in den Augen, Abschied von Narziß, denn er weiß, es ist seine Mutter, die ihn durch den Tod zu sich nimmt. In Narzißens Herzen brennen des Freundes letzten Worte – „ohne Mutter kann man nicht sterben" – wie Feuer.

3.3 Aufbau

Übersicht: Kompositionsstruktur

In *Narziß und Goldmund* nutzt Hesse die Form der Erzählung für seine spezifische Ausgestaltung des Entwicklungsromans als Seelenbiografie, in der er mit bestimmten Strukturzügen und Erzählmustern die seelische Entwicklung des Protagonisten (Individuationsprozess) in den Mittelpunkt des Geschehens rückt. Die Erzählung umfasst **zwanzig Kapitel** von nahezu gleichem Umfang und Aufbau und ist durch die **Integration zweier paralleler Handlungsebenen gekennzeichnet (äußere Entwicklung ↔ innere Entwicklung)**, die antithetisch aufeinander bezogen sind. Das **dialektische Handlungsgefüge** spiegelt sich in dem **Erzählverlauf** wider, der durch den Wechsel zwischen „raffendem“, **auktorialen Erzählerbericht** und von erlebter Rede oder von Gedankenreferaten konstituierten **Reflexionsphasen** bestimmt ist. *Siehe dazu Grafik.*

Bedeutende **Leitmotive** gehen von dem **Polaritäts-Gedanken** aus, der bereits die Figurenkonstellation und -konzeption von Narziß und Goldmund bestimmt. Symbolische Verweise auf dialektische Zusammenhänge, Elemente der Psychoanalyse (Tier- und Traumsymbole), Fluss- und Wassermotivik mit ihrem Synthesegedanken sowie das Bild der Urmutter strukturieren den Roman und geben auf metaphorischer Ebene Hinweise auf die Deutung des Dargestellten.

Seelenbiografie – Individuationsprozess

Ebene 1 „äußere" Entwicklung

Kap. 1–5/6	Kap. 5/6–16	Kap. 17–20
→ Jugendzeit im Kloster → Abhängigkeit von Narziß und ihre Lösung	→ Wanderer und freier Künstler	→ Wiederbegegnung mit Narziß → Rückkehr ins Kloster → Tod Goldmunds
↕	↕	↕
→ „Erweckung" und Heilung der Neurose durch Narziß → „Geburt" Goldmunds	→ Gang durch die Sinnenwelt → Erfüllung in der Kunst → Visionen der Urmutter → Lebenstrieb	→ Reflexion → Erkenntnis der Universalität → Rückkehr zur Mutter → seelische Einheit

Ebene 2 „innere" Entwicklung

↕ Wechselwirkung
→ Motor

Hermann Hesse bezeichnet seinen *Narziß und Goldmund* als ***Erzählung***, womit er den im Allgemeinen seine Werke seit dem *Demian* (1919) charakterisierenden Romantypus des Entwicklungsromans[8] durch bestimmte Strukturmerkmale einer Erzähl-

8 Als Entwicklungsromane lassen sich solche Romane definieren, in denen die geistige Entwicklung der Hauptfigur, meist eines jungen Menschen, im Vordergrund steht.

form[9] spezifiziert. In dem am 2.12.1928 während der Arbeit an *Narziß und Goldmund* geschriebenen Aufsatz *Eine Arbeitsnacht* bezeichnet der Autor seine Prosadichtungen als

Prosadichtungen als Seelenbiografien

> „Seelenbiographien (...): In allen handelt es sich nicht um Geschichten, Verwicklungen und Spannungen, sondern sie sind im Grunde Monologe, in denen eine einzige Person in ihren Beziehungen zur Welt und zum eigenen Ich betrachtet wird."[10]

So stellt Hesse auch in *Narziß und Goldmund* nach dem Konzept der **Seelenbiografie** den inneren Erlebniszusammenhang des Protagonisten dar, wodurch das äußere Geschehen in den Hintergrund tritt. Hieraus ergeben sich besondere Strukturzüge und Erzählmuster, die in dieser bestimmten Funktion – der **Darstellung der seelischen Entwicklung des Protagonisten** – stehen und somit einen individuellen Romantypus bilden, der zwar auf der Grundkonzeption des Entwicklungsromans basiert, jedoch gleichzeitig Züge der Erzählung, der Novelle, der Legende und des Märchens aufweist. Unter besonderer Berücksichtigung der vom Autor vorgegebenen Strukturmerkmale wird im Folgenden die Kompositionsstruktur des *Narziß und Goldmund* beschrieben und auf ihre Bedeutung für Inhalt und Intention der Seelenbiografie hin dargestellt.

---

9 Die *Erzählung* bezeichnet eine *„selbstständige Einzelgattung innerhalb der Grundgattung Epik, die sich mit den übrigen Gattungen häufig überschneidet und noch weniger als diese exakt bestimmbar ist. Ihre Formgesetze werden daher oft negativ umschrieben: Die Erzählung ist kürzer, weniger welthaltig, weniger figurenreich und weniger komplex in Handlung und Ideengehalt als der Roman."* (Schweikle, Günther und Irmgard (Hg.): *Metzler Literatur Lexikon. Begriffe und Definitionen.* Stuttgart: J. B. Metzlersche Verlagsbuchhandlung, 1990, S. 138.)

10 Zitiert nach: Unseld (Hg.), S. 133.

Kompositionsstruktur

Antithetische Struktur

Die Erzählung gliedert sich in **zwanzig Kapitel** von nahezu gleichem Umfang und Aufbau. Dem Thema der Seelenbiografie eines sich selbst suchenden „Ausnahmemenschen" (S. 39) entsprechend, basiert die Grundkonzeption der Erzählung auf der **Integration zweier paralleler Handlungsebenen, die antithetisch aufeinander bezogen sind**.

Gliederung in drei Stufen

Die vordergründige Ebene stellt die Rahmenhandlung und die äußere Entwicklung des Protagonisten dar und lässt sich in **drei große „Stufen"** (S. 265) gliedern: Die Jugendzeit im Kloster sowie die Abhängigkeit von Narziß und ihre Lösung (Kapitel 1–5/6), die Zeit als freier Wanderer und Künstler (Kapitel 5/6–16) und die Wiederbegegnung mit Narziß sowie die Rückkehr in das Kloster, in dem Goldmund als alter Mann stirbt (Kapitel 17–20).

Auf der zweiten Handlungsebene gestaltet der Erzähler parallel zu dem äußeren Entwicklungsgang die innere (seelische) Entwicklung der Hauptfigur – den Weg der Selbstwerdung, – in der sich ebenfalls drei große „Stufen" erkennen lassen: zunächst das Bewusstwerden der Natur seines Wesens und die „Erweckung", die „Heilung" seiner Neurose durch den Freund und Führer Narziß und dadurch die „Geburt" des selbstständigen, „sehenden" Goldmunds, der den „Ruf der Mutter" spürt (Kapitel 1–5/6). Daran schließt das umfassende Erleben der Sinnenwelt an, die „Berufung" zum Künstlerdasein, durch das Goldmund seine inneren Gegensätze zu versöhnen erreicht, Visionen der „Urmutter", die ihn aus der Sesshaftigkeit hinausführen und seinen „Lebenstrieb" bewirken und Reflexionen über Tod und Vergänglichkeit, die seine Persönlichkeit formen. (Kapitel 5/6–16). Zuletzt wird der eingeschlagene Weg reflektiert, die Erkenntnis der Universalität aller Gegensätze und die Rückkehr zur Mutter – die Einkehr in die seelische Einheit (Kapitel 17–20).

Das dialektische Verhältnis der beiden Handlungsstränge ergibt sich aus der **Wechselwirkung zwischen äußerer Begebenheit und seelischem Ereignis**, die kontinuierlich die Wegabschnitte der einzelnen Stufen bestimmt und dadurch die Handlung wie ein „Motor“ vorantreibt. So ist es beispielsweise der erste Kuss eines jungen Mädchens während Goldmunds geheimem Ausflug „ins Dorf“ (S. 27), der den Protagonisten seelisch erschüttert und körperlich zusammenbrechen lässt, doch gerade dieser Zusammenbruch ist der Auslöser für die Freundschaft der Hauptfiguren. Die Freundschaft zwischen Denker und Gefühlsmensch wiederum bringt die tief greifenden analytischen Gespräche der Figuren mit sich, wodurch Goldmunds „Erweckung“ und „Berufung“ („Jetzt war er sehend und war kein Kind und Schüler mehr“, S. 82) initiiert wird. Die Versöhnung mit dem verdrängten Mutterbild führt schließlich den Protagonisten zu seiner wahren Natur zurück und bewirkt somit die Trennung der Freunde, und Goldmund beginnt das Wanderleben. Solche **Wendepunkte des „Erwachens“, der „Erweckung“ und „Berufung“** markieren die stufenweise Entwicklung der Hauptfigur.[11]

Dialektisches Verhältnis der zwei Handlungsstränge

Das antithetische Handlungsgefüge spiegelt sich ebenfalls im Erzählverlauf wider. Einzelne Situationen und Erlebnisse, die wesentliche Einschnitte in der psychischen Entwicklung der Hauptfigur bewirken, werden in „raffendem“ Erzählerbericht, zumeist am Kapitelanfang, vorausgeschickt und durch ausführliche, quantitativ überwiegende Reflexion ergänzt. In diesen **Reflexionsphasen** kombiniert der berichtende Erzähler verschiedene Erzähltechniken wie direkte und erlebte Rede oder Gedankenreferat und er-

In den Reflexionsphasen übertrifft die Erzählzeit oft die erzählte Zeit

---

11 *„Erwachen und Erwecken sind als Zentralerlebnisse in den Werken Hesses (...) die weiterführenden Elemente. Sie bilden die Gelenke der Erzählungen und werden durch die ‚Entschlüsse‘, die in diesen Momenten des Wachwerdens gefasst werden, immer wieder zu Wendepunktereignissen, die den Geschehnisverlauf und den gesamten Aufbau der einzelnen Werke entscheidend bestimmen.“* (Schiefer, Peter: *Grundstrukturen des Erzählens bei Hermann Hesse.* [Diss.] Münster, 1959, S. 60.)

reicht dadurch, dass die „Erzählzeit" die „erzählte/objektive" Zeit deutlich überragt.[12] Als Beispiel für diesen seelenbiografischen Erzählverlauf sei hier der Beginn des achten Kapitels angeführt:

> „Eine lange Weile schon war Goldmund gewandert, selten ein zweites Mal am selben Ort zur Nacht, überall von Frauen begehrt und beglückt, von der Sonne braungebrannt, vom Wandern und von schmaler Kost gemagert. Viele Frauen hatten in der Morgenfrühe von ihm Abschied genommen und waren gegangen, manche mit Tränen," (*raffender Erzählerbericht*) „und manches Mal hatte er gedacht: »Warum bleibt keine bei mir? Warum, wenn sie schon mich lieben und einer Liebesnacht wegen die Ehe brechen – warum kehren sie alle sofort zu ihren Männern zurück, von denen sie meistens Prügel zu fürchten haben?«" (*direkte Rede; Selbstgespräch*) „Keine hatte ihn ernstlich gebeten dazubleiben, keine einzige hatte ihn je gebeten, sie mitzunehmen, und war aus Liebe bereit gewesen, Freude und Not der Wanderschaft mit ihm zu teilen. (...) Aber dennoch war es ihm wunderlich und ein wenig traurig, daß überall Liebe so sehr vergänglich schien, die der Frauen wie seine eigene, daß sie ebenso schnell satt war wie entflammt. War das richtig? War das immer und überall so? Oder lag es an ihm selbst, war er vielleicht so beschaffen (...) Er wußte es nicht." (*erlebte Rede*) (S. 98–99)

Erzählerische Mittel zur Projektion der Innenwelt auf die Außenwelt

Hier wird die Funktion der einzelnen **Erzähltechniken als erzählerische Mittel zur Gestaltung der Seelenbiografie** – zur Projektion der Innenwelt auf die Außenwelt – deutlich.

---

12 Die objektive Zeit steht in dieser *Seelenbiografie* nicht im Mittelpunkt, wofür nicht nur die Rückverlegung der Handlung in ein ‚zeitloses' Mittelalter spricht, sondern auch die Verwendung von unbestimmten Zeitangaben an den Kapitelanfängen, wie beispielsweise „eines Tages" oder „eine lange Weile" sowie die wenigen Angaben zu Alter der Figuren und zur Länge der einzelnen Zeitabschnitte.

KAPITELWEISER ERZÄHLVERLAUF

„raffender" Erzählerbericht

↓

ausführliche Reflexion

↓

Projektion der Seelenwelt in die Außenwelt

Leitmotive

Gegensatz (Antithese)

Polarität des Daseins als zentrales Leitmotiv

Schon der Titel *Narziß und Goldmund* weist darauf hin, dass der Gegensatz, die **„Polarität des Daseins"**[13], das zentrale Leitmotiv der Erzählung ist. Die zwei Protagonisten verkörpern die zwei „Seelen" des Menschen („Wie Narziß ein Denker und Zergliederer, so schien Goldmund ein Träumer und eine kindliche Seele zu sein." S. 20). Erst beide zusammen bilden ein Ganzes („[Narziß] sah Goldmunds Natur, die er trotz des Gegensatzes innigst verstand; denn sie war die andere, verlorene Hälfte seiner eigenen." S. 33). Dieses dialektische Prinzip[14] spiegelt sich nicht nur in vielen Symbolen und Bildern wider („Vor dem von Doppelsäulchen getragenen Rundbogen des Klostereingangs von Mariabronn (...)"

Dialektik in Symbolen, Bildern und Sprache

---

13 vgl.: Baumann, Günter: *Hermann Hesse und die Psychologie C. G. Jungs.* In: Limberg, Michael (Hg.): *Hermann Hesse und die Psychoanalyse. »Kunst als Therapie«.* 9. Internationales Hermann-Hesse-Kolloquium in Calw, 1997. Bad Liebenzell: Bernhard Gengenbach, 1997, S. 58.

14 Dialektik bezeichnet *„die durch eine Logik des Widerspruchs vorangetriebene Bewegung des Erkennens. Diese Bewegung vollzieht sich in drei Schritten: Das in der Thesis Gesetzte wird durch die Antithesis negiert (a), dann durch Negation der Negation von neuem behauptet und zugleich auf ein höheres Niveau angehoben (b); daraus entsteht die Synthesis, die Thesis und Antithesis in sich aufhebt und zugleich bewahrt (c)."* (Nünning, Ansgar (Hg.): *Metzler Literatur- und Kulturtheorie. Ansätze – Personen – Grundbegriffe.* Stuttgart: J. B. Metzlersche Verlagsbuchhandlung, 1998, S. 92.

S. 7), sondern auch insbesondere in dem überwiegend dialektischen Sprechen. Hierbei treten gegensätzliche Begriffe und Gedanken satzweise und abschnittsweise zusammen („Ein Sehender und ein Blinder" S. 33); Sätze und Satzteile verhalten sich zueinander wie These und Antithese:

> „Es ist nicht unsere Aufgabe, einander näherzukommen, sowenig wie Sonne und Mond zueinander kommen oder Meer und Land. Wir zwei, lieber Freund, sind Sonne und Mond, sind Meer und Land. Unser Ziel ist nicht, ineinander überzugehen, sondern einander zu erkennen und einer im andern das sehen und ehren zu lernen, was er ist: des andern Gegenstück und Ergänzung." (S. 44–45)

Durch die Verknüpfung von objektivem und seelischem Geschehen wird die **Synthese der Gegensätze** unterstützt:

> „Trotz aller tiefen Verschiedenheit ihrer Wesen hatten sie beide viel voneinander gelernt; es war zwischen ihnen neben der Vernunftsprache allmählich eine Seelen- und Zeichensprache entstanden (...). Langsam reiften, im Licht der Liebe, neue Verbindungen von Seele zu Seele, hinterher erst kamen die Worte." (S. 42)

Elemente aus der Psychoanalyse

Um den fließenden Übergang von Außen- und Innenwelt zu bewirken, benutzt der Erzähler Elemente aus der Psychoanalyse, wie beispielsweise den Traum, der als Spiegel für das Unbewusste verwendet wird. Der Traum hat die Funktion, die Seelenwelt des Protagonisten sichtbar zu machen und neue Entwicklungen einzuleiten, wodurch er zum erzählerischen Mittel für die Synthese der Gegensätze wird.

> „Wüste Bilderknäuel wälzten sich herauf, er sah Hundeköpfe, drei Hundeköpfe, und er roch den Duft von Rosen. (...) Wieder erwachte er, und eben noch im Entschwinden der eilig weggleitenden Traumwelt sah er es, fand das Bild wieder und zuckte wie in schmerzlicher Wollust zusammen. (...) Er sah seine Mutter (...) Berge von Schutt, Meere von Vergessenheit waren weg, waren verschwunden; aus königlichen, hellblauen Augen blickte die Verlorene ihn wieder an, die unsäglich Geliebte." (S. 55)

Durch die Möglichkeit, Vorausdeutungen auf den Handlungsverlauf im Traum gestalten zu können, wird seine leitmotivische Funktion besonders deutlich. So träumt Goldmund beispielsweise schon während seiner Jugendzeit in Mariabronn, dass er Figuren aus Lehm knetet (S. 62), was sein zukünftiges Künstlerdasein andeutet. Viele **Tiersymbole** (Fisch und Vogel, S. 63) und Bilder des Flusses und des Wassers

> – „Wasser liebte er sehr, jedes Wasser zog ihn an (...) So wie dies kleine Wassergeheimnis, schien ihm, waren alle echten Geheimnisse, alle wirklichen, echten Bilder der Seele: sie hatten keinen Umriß, sie hatten keine Form (...), sie waren verschleiert und vieldeutig." (S. 178) –

sind ebenfalls psychoanalytische Mittel[15] für die Projektion der Seelenwelt in die Außenwelt. **Traum und Wasser sind Motive für die Synthese aller Gegensätze**, für die Universalität des Daseins:

Traum und Wasser als Motive für die Synthese aller Gegensätze

---

15 Ebd., S. 51 f.

> „Aus demselben unwirklichen, magischen Stoff [wie das Wasser] waren nachts die Träume gewoben, ein Nichts, das alle Bilder der Welt in sich enthielt, ein Wasser, in dessen Kristall die Formen aller Menschen, Tiere, Engel und Dämonen als allzeit wache Möglichkeiten wohnten." (S. 179)

Einheit von Leben und Tod

Auch der Gegensatz zum Leben, der Tod, hat leitmotivische Funktion. Immer wieder muss sich Goldmund mit Tod und Vergänglichkeit des Seins auseinandersetzen (Totschlag Viktors, Kapitel 9; Pest als „schwarzer Tod", Kapitel 13/14), um zuletzt zu erkennen, das **Leben und Tod** eine Einheit bilden und den natürlichen Kreislauf des Lebens gestalten.

Dialektische Elemente in der Kompositionsstruktur

→ Gegensätzlichkeit und Einheit in der Figurenkonstellation (polares Verhältnis der Protagonisten)
→ Wechselwirkung von äußerer und innerer Handlung
→ Wechsel der Erzähltechniken
→ Zusammentreten gegensätzlicher Begriffe und Gedanken in Sätzen und Abschnitten
→ Dialektisches Sprechen

Urmutter

Sinnbild für das innere Geschehen Goldmunds

Das Bild der Urmutter stellt neben der Gestaltung der Dualität das entscheidende Leitmotiv dar. Die Urmutter versinnbildlicht das innere Geschehen Goldmunds, seine Suche nach Einheit und zuletzt die Einheit selbst. Als mutterloser Klosterschüler, der sein Mutterbild „vergessen" und das vom Vater vermittelte übernommen hat, leidet Goldmund zunächst an dem „weiblichen Geschlecht" („Du fühlst im Weib, im Geschlecht, den Inbegriff all dessen, was du ‚Welt' und ‚Sünde' nennst." S. 35). Nachdem Narziß keinen Zweifel mehr daran hat, dass „Eva“, die „Urmutter“ (S. 37), Goldmunds Leiden hervorruft, führt er diesen in analytischem Gespräch zur Erkenntnis seines Problems („Du hast deine Kindheit vergessen, aus den Tiefen deiner Seele wirbt sie um dich. Sie wird dich so lange leiden machen, bis du sie erhörst“ S. 46; „Du schläfst an der Brust der Mutter“ S. 47). So ist Goldmund „sehend“ geworden (S. 54), hat den Unterschied zwischen „mütterlichen und väterlichen Herkünften“ (S. 64) erkannt und seine „Seele wiedergefunden“. Damit ist er bereit, „ihrem Ruf“ (S. 59) zu folgen.

Den ersten „Ruf“ der Mutter verspürt Goldmund bei seiner Begegnung mit Lise (S. 74), mit der er seine erste Liebesstunde verbringt.

> „Ich gehe zu ihr, (...), weil ich muß, weil es mich ruft (...) eine Frau zu lieben, ihr sich hinzugeben, sie ganz in sich einzuhüllen und sich von ihr eingehüllt zu fühlen (...), ist für mich der Weg zum Leben und der Weg zum Sinn des Lebens.“ (S. 79).

Bild der Urmutter bestimmt den Handlungsverlauf

Von nun an bestimmt das Bild der Urmutter den Handlungsverlauf: Nach seinem Totschlag Viktors ist es die „Mutter Gottes aus Holz“ in einer Kapelle, die ihn bewegt, seine Berufung zum Künstler zu entdecken und ihn somit zu Meister Niklaus in die Bischofsstadt weist (S. 144). Während seines Lebens als Künstler reflektiert er seine Zeit der Wanderung, der Liebesnächte, der Lebensgefahr und Todesnähe und erkennt, dass sich das Mutterbild langsam „verwandelt“ und „bereichert“ hat: „es war nicht mehr das Bild seiner eigenen Mutter, sondern aus dessen Zügen war nach und nach ein nicht mehr persönliches Mutterbild geworden, das Bild einer Eva, einer Menschenmutter.“ (S. 160) In dieser Phase der Reflexion wird die Funktion des Bildes der Urmutter als **Sinnbild der Einheit** deutlich:

Kein persönliches Mutterbild, sondern Sinnbild der Einheit

> „Die Mutter des Lebens konnte man Liebe oder Lust nennen, man konnte sie auch Grab oder Verwesung nennen. Die Mutter war Eva, sie war die Quelle des Glücks und die Quelle des Todes, sie gebar ewig, tötete ewig, in ihr waren Liebe und Grausamkeit eins, und ihre Gestalt wurde ihm zum Gleichnis und heiligen Sinnbild, je länger er sie in sich trug.“ (S. 166)

Als Goldmund nach längerer Zeit in der Bischofsstadt über den Sinn seines mittlerweile freudlosen Lebens nachdenkt, ist es wieder das Gesicht der Urmutter, das in Goldmunds Seele „aufblitzt“ und das ihn zum Aufbruch mahnt (S. 176–177). In der symbolischen Gestalt der Urmutter haben sich die größten Gegensätze der Welt, die sonst unvereinbar sind, zusammengeschlossen: „Geburt und Tod, Güte und Grausamkeit, Leben und Vernichtung“ (S. 180). Immer wieder spürt der Protagonist den mütterlichen „Ruf“ als Wegweiser („Sie lebt in mir“ S. 180; „Er war (...) auf einem wichtigem Wege: dem Weg zur Mutter.“ S. 181) Als Goldmund im Kerker auf seinen Tod am Galgen wartet und in Verzweiflung allen Lebenswillen aufgegeben hat, ist es das „Bild seiner Mutter“ (S. 249), an das er seine Klage richtet und das neuen Lebenstrieb in ihm weckt. Auf dem Sterbebett im Kloster Mariabronn fühlt Goldmund zuletzt den Ruf der Mutter im Tode und resümiert:

> „Aber schon damals hat die Mutter mir gerufen, (...). Sie ist überall. – Sie war die Zigeunerin Lise, sie war die schöne Madonna des Meisters Niklaus, sie war das Leben, die Liebe, die Wollust, sie war auch die Angst, der Hunger, der Trieb. Jetzt ist sie der Tod, sie hat ihre Finger in meiner Brust.“ (S. 304)

DIE ENTWICKLUNG DES MUTTERBILDES	KAPITEL
→ Goldmund als mutterloser Schüler	1; 2
→ Goldmunds Erinnerung an die Mutter („Erwachen“, „Geburt“)	4; 5
→ Der „Ruf“ der Mutter als Auslöser für das Wanderleben	6
→ Die „Mutter Gottes aus Holz“ bewirkt Goldmunds Berufung zum Künstler	10
→ Beständiger Wandel und Wachstum des Mutterbildes: Bild der Eva/Urmutter als Sinnbild der Einheit	11; 12
→ Goldmunds Mutteranruf in der Todesfurcht	16
→ Goldmunds Rückkehr zur Mutter durch den Tod	20

3.4 Personenkonstellation und Charakteristiken

ZUSAMMEN-FASSUNG

Die Hauptpersonen der Erzählung sind Narziß und Goldmund. Die beiden Freunde sind grundverschieden und dennoch untrennbar verbunden. Während sich Narziß zum Geistesmensch, Denker und Asketen berufen fühlt, entdeckt Goldmund bald seine Vorsehung zum Künstler und Sinnenmensch, der sich ganz seinen Gefühlen und Trieben hingibt. Narziß gehört zum Kloster, Goldmund in die Welt draußen. Gleichzeitig stellt jeder der beiden die verlorene Seite des jeweils anderen dar. Sie sind Teile eines Ganzen und suchen auf zwei verschiedenen Wegen, nämlich dem geistigen und dem weltlichen Weg, nach derselben Erkenntnis Gottes.

Übersicht: Personenkonstellation und Charakteristiken

	Narziß	Goldmund	
Kloster	Geistesmensch, begrifflicher Denker, Asket	Sinnenmensch, Künstler, gefühlvoll und wolllüstig	Welt

Narziß

Bereits im ersten Kapitel bekommt der Leser ein deutliches und umfassendes Bild von Narziß. Er ist der Zögling, der seit Kurzem das Noviziat angetreten hat und seiner besonderen Gaben wegen bereits als Lehrgehilfe eingesetzt wird (S. 9). Narziß ist ein Einzelgänger, bei allen bekannt und von allen geachtet. Viele sind von Narziß

> „bezaubert, dem Wunderknaben, dem schönen Jüngling mit dem eleganten Griechisch, mit dem ritterlich tadellosen Benehmen, mit dem stillen, eindringlichen Denkerblick und den schmalen, schön und streng gezeichneten Lippen.“ (S. 9)

Während eines Gesprächs mit dem Abt Daniel erklärt er diesem, dass er zum Klosterleben bestimmt sei, dass er Mönch, Priester, Subprior und vielleicht Abt werden würde und dass er insbesondere ein „Gefühl für die Art und die Bestimmung der Menschen“ habe (S. 11). Bereits als Lehrgehilfe zeigt sich Narzißens geistige Überlegenheit und sein Stolz, so besteht er beispielsweise in einer Auseinandersetzung mit einem lehrenden Pater auf die Einführungen gewisser Änderungen im Unterricht, muss sich jedoch dem Gebot des Gehorsams fügen. Auch Goldmund ist bei seiner Ankunft im Kloster zutiefst beeindruckt von dem jungen Lehrer und „freute sich an seiner straffen schlanken Gestalt, seinem kühl blitzenden Auge, seinen straffen, klar und fest die Silben formenden Lippen, an seiner beschwingten, unermüdlichen Stimme.“ (S. 17)

Narziß ist geistig überlegen

Narziß, der „in seiner Vornehmheit Vereinsamte“, wittert sofort in Goldmund den „Verwandten“, obwohl er in allem sein „Gegenspiel“ zu sein scheint (S. 20) und wünscht sich diesen „zum Freunde“, um ihn „führen, aufklären, steigern und zur Blüte bringen“ zu können (S. 22). Doch trotz dieses starken Wunsches nach Freundschaft macht er sich immer wieder bewusst, dass der „Kern und Sinn seines Lebens“ der „Dienst am Geist, der Dienst am Wort“ ist (S. 22). Narziß ist „Denker“, ihm ist alles Geist, auch die Liebe, weshalb er nicht gedankenlos einer Anziehung erliegen kann. Nach Goldmunds verbotenem Ausflug ins Dorf und der darauf fol-

Sinn des Lebens ist für Narziß „Dienst am Geist“

Freundschaft bedeutet für Narziß „Dienen" und „Beistand"

genden Krankheit nähert er sich ihm und macht somit den ersten Schritt zu ihrer Freundschaft, die für Narziß „Dienen" und „Beistand" bedeutet („»Goldmund«, sagte er, »kann ich dir beistehen? Ich sehe, daß du in Not bist (...)«", S. 28.)

Narziß ist Asket und Geistesmensch

Narziß weiß, dass er selbst zum Asketen bestimmt ist, dass ihm Lieben nur in der „höchsten Form" erlaubt ist. Ebenso deutlich sieht er, dass Goldmund kein Asket werden wird, dass Goldmund die sinnliche, verlorene Hälfte seiner eigenen Natur darstellt, und erfüllt seine Aufgabe für diese Freundschaft, als „Sehender" dem „Blinden" seine wahre Natur zu zeigen (S. 33). Durch sein psychoanalytisches Verständnis und sein tiefes Interesse für den Freund erkennt er recht bald Goldmunds ‚Mutterproblem' und in einem der ernsthaften Gespräche der Freunde weiß er sein rhetorisches Geschick einzusetzen, um den Freund zu „wecken" (S. 46; S. 52). Nachdem Goldmund zu sich selbst gefunden hat, sieht Narziß, mittlerweile Mönch, „mit Freude" (S. 59), dass er sich von seiner Führerschaft befreit, doch ist er gleichsam traurig über die bevorstehende Trennung. Während Goldmund von dem Klosterleben Abschied nimmt, ist Narziß „Diener und Soldat des Ordens, der Kirche, des Geistes" (S. 68 f.), doch beteuert er dem Freund in weiser Voraussicht: „Ich vergesse dich niemals. Du wirst wiederkommen, ich bitte dich darum, ich erwarte es. Wenn es dir einmal schlecht geht, so komm zu mir oder rufe mich." (S. 79–80)

So wie Narziß es versprochen hat, ist er schließlich auch Goldmunds Retter vor dem Tod, als er, mittlerweile unter dem Namen Johannes das Amt des Abtes ausübend, Goldmunds Begnadigung bewirkt (S. 255). Die lange Trennung hat ihrer Freundschaft nicht schaden können („Sie gaben sich die Hände und hielten sie lange fest und drückten sie und fühlten sich tief bewegt (...)", S. 255).

Zurück im Kloster Mariabronn ist Goldmund wieder voll Bewunderung für den Freund, „wenn er als Abt auftrat, mit der stillen

Sicherheit und diesem Anflug von Spott für Weltleute und Weltleben“ (S. 266). Aus Narziß ist zuletzt ein „Mann des Geistes“, mit „zarten Händen und einem Gelehrtengesicht“ geworden, „ein Mann voll Sicherheit und Mut, ein Führer, einer, der Verantwortung trug.“ (S. 266) Erst am Ende gelingt es Narziß, dem Freund den Unterschied zwischen Künstler und Denker und die Aufgaben, die einem jeden von beiden auf andere Weise gestellt sind, zu verdeutlichen:

> „Denn indem ein Mensch mit den ihm von Natur gegebenen Gaben sich zu verwirklichen sucht, tut er das Höchste und einzig Sinnvolle, was er kann. Darum sagte ich früher so oft zu dir: versuche nicht den Denker oder den Asketen nachzuahmen, sondern sei du selbst, suche dich selbst zu verwirklichen!“ (S. 272)

Doch zuletzt lernt auch der Lehrer Narziß von Goldmund, was Kunst ist und bekennt:

> „Ich gab zwar vor, die Kunst hochzuachten, aus Gewohnheit, aber eigentlich war ich hochmütig und sah auf sie herab. Jetzt erst sehe ich, wie viele Wege zur Erkenntnis es gibt und daß der Weg des Geistes nicht der einzige und vielleicht nicht der beste ist. Es ist mein Weg, gewiß; ich werde auf ihm bleiben. Aber ich sehe dich auf dem entgegengesetzten Weg, auf dem Weg durch die Sinne, das Geheimnis des Seins ebenso tief erfassen und viel lebendiger ausdrücken, als die meisten Denker es können. (...) Wir Denker suchen uns Gott zu nähern, indem wir die Welt von ihm abziehen. Du näherst dich ihm, indem du seine Schöpfung liebst und nochmals erschaffst. Beides ist Menschenwerk und unzulänglich, aber die Kunst ist unschuldiger.“ (S. 284)

Zwei Wege zur Erkenntnis: Geist und Sinne

„Wir Denker suchen uns Gott zu nähern, indem wir die Welt von ihm abziehen. Du näherst dich ihm, indem du seine Schöpfung liebst und nochmals erschaffst. Beides ist Menschenwerk und unzulänglich, aber die Kunst ist unschuldiger“

Narzißens Liebe gegenüber dem Freund ist groß, doch erst am Sterbebett Goldmunds gesteht er ihm diese (S. 299). Goldmunds erfülltes Leben und Sterben („Ich sterbe gern“ S. 305), das der Denker und Asket Narziß beobachtet und begleitet, löst in ihm ebenfalls starke Emotionen aus, so sind es beispielsweise die letzten Worte Goldmunds („Ohne Mutter kann man nicht lieben. Ohne Mutter kann man nicht sterben.“ S. 305), die in seinem Herzen brennen „wie Feuer“. Trotzdem hat Narziß den ihm vorbestimmten Weg des Geistesmenschen nicht verlassen.

Goldmund

Nachdem er von seinem Vater in die Klosterschule gebracht worden ist, fühlt sich der „hübsche, zärtliche Junge“ (S. 15) Goldmund gleich zu dem Abt Daniel und zu Narziß hingezogen. Recht schnell kann er sich im Kreise seiner Mitschüler behaupten, zum einen, da er sich in einer Rauferei erfolgreich durchsetzt, und zum anderen, da er an dem verbotenen Ausflug „ins Dorf“ teilnimmt. Zunächst ist es sein „ehrlicher Wunsch und Wille, ein guter Schüler zu sein, bald ins Noviziat aufgenommen und dann ein frommer, stiller Bruder der Patres zu werden.“ (S. 21) Umso enttäuschter ist er, als er zuweilen „tadelnswerte Neigungen und Zustände“ an sich wahrnimmt:

> „Zerstreutheit und Widerwillen beim Lernen, Träumen und Phantasieren oder Schläfrigkeit während der Lektionen, Auflehnung und Abneigung gegen den Lateinlehrer, Reizbarkeit und zornige Ungeduld gegen die Mitschüler.“ (S. 21)

Goldmund fühlt sich im Kloster zerrissen

Als Goldmund bei seinem Ausflug ins Dorf den ersten Kuss eines Mädchens bekommt, fühlt er die tiefe Zerrissenheit seiner Seele: „»Niemals mehr!« sagte befehlend sein Wille. »Morgen wieder!«

flehte schluchzend sein Herz." (S. 27) Als sich Narziß ausgerechnet in diesem kränklichen Zustand Goldmunds nähert, ist er glücklich, doch auch beschämt (S. 28). Schließlich bedeutet die Freundschaft zu Narziß für ihn „Erlösung" und „Genesung", und er gibt sich dieser „innig und glühend, spielend und rechenschaftslos" hin:

> „Ihm lag es ferne, sich seinen Freund als Widerspiel und Gegenpol zu denken. Ihm schien, es bedürfe ja nur der Liebe, nur der aufrichtigen Hingabe, um aus zweien eins zu machen, um Unterschiede auszulöschen und Gegensätze zu überbrücken." (S. 31)

Freundschaft bedeutet für Goldmund Liebe

Als Narziß dem Freund seine Neurose vor Augen führt und ihm die Erinnerung an seine Mutter ermöglicht, bricht Goldmund zunächst ohnmächtig zusammen (S. 49), ist anschließend jedoch geheilt und erkennt bald, dass es ihn in die Welt hinauszieht. Er beginnt oft und lange zu träumen (S. 62). Nach seinem ersten Liebeserlebnis mit Lise weiß Goldmund: „Ihm lag nichts ob, als sich hinzugeben und zu lieben, den betenden Freund in der nächtlichen Kirche nicht minder als die schöne warme junge Frau, die auf ihn wartete." (S. 81)

Goldmund ist Sinnenmensch

In seinem Leben als Landstreicher gibt er sich ausschließlich den Frauen und der Wollust hin:

> „Von den Frauen zu lernen wurde er nicht müde. (...) er stand jeder Verführung offen: nur dadurch war er selbst so verführend. Seine Schönheit allein hätte nicht genügt, ihm die Frauen so leicht zuzuführen; es war diese Kindlichkeit, dies Offenstehen, diese neugierige Unschuld der Begierde, diese vollkommene Bereitschaft zu allem, was eine Frau irgend von ihm begehren

> mochte. (...) Er war zum Spielen bereit und zum Kämpfen, zum Seufzen und zum Lachen, zur Scham und zur Schamlosigkeit" (S. 99–100).

Goldmunds Bestimmung: zu lieben und geliebt zu werden

Es war seine Bestimmung, die Frauen und die Liebe auf viele Arten bis zur Vollkommenheit kennenzulernen, doch erfüllt sich so auch Narzißens implizite Prophezeiung („Weißt du nicht, daß einer der kürzesten Wege zum Leben eines Heiligen das Leben des Wüstlings sein kann?" S. 35). Goldmund zeigt deutlich die Charakterzüge eines „Wüstlings", als er zwischen den beiden Ritterstöchtern liegt, beide zu lieben begehrt („er hätte Lydia entweder zur Hingabe zwingen oder seines Weges weiterziehen müssen." S. 121) und schließlich nach der Beendigung der Szene durch seine derzeitige Geliebte Lydia äußerst rücksichtslos ist.

> „Goldmund aber, in allen seinen Trieben beleidigt und betrogen, umschlang schnell die sich aufrichtende Julie, küßte ihr beide Brüste und flüsterte ihr brennend ins Ohr: »Morgen, Julie, morgen!«" (S. 122).

Als er auf seinem weiteren Weg einer Geburt zusieht,

> „fiel ihm etwas Unerwartetes auf: die Linien im verzerrten Gesicht der Schreienden waren wenig verschieden von jenen, die er im Augenblick des Liebesrausches auf anderen Frauengesichtern gesehen hatte! (...) Wunderbar, ohne daß er begriff warum, überraschte ihn diese Einsicht, daß Schmerz und Lust einander ähnlich sein konnten wie Geschwister" (S. 127–128).

Durch den Landstreicher Viktor lernt er vieles, was ihm hilft, die drei Bedürfnisse des Heimatlosen zu erfüllen: „die Sicherung gegen Lebensgefahr, das Finden eines Nachtlagers und das Beschaffen von Nahrung“ (S. 130). Als Goldmund sein Leben verteidigt und Viktor in „Todesangst“ „klug“ und „hellsinnig“ ersticht, wird sein starker Lebenstrieb einmal nicht auf „wollüstige“ Weise deutlich (S. 134). Die Tat bereut er bitter und flüchtet, von Fieberfantasien gepeinigt, von dem Ort des Verbrechens. In diesem Wahn redet er unter anderem mit Narziß.

> „»Hast du Angst, Narziß«, redete er ihn an, »graut es dir, hast du was gemerkt? Ja, Verehrtester, die Welt ist voll von Tod, voll von Tod, auf jedem Zaun sitzt er, hinter jedem Baum steht er, (...) er lacht (...) Ach unsere armen Knochen, ach unser armer Schlund und Magen, ach unser armes bißchen Hirn unterm Schädel! Es will alles fort, es will alles zum Teufel, auf dem Baum sitzen die Krähen, die schwarzen Pfaffen«“ (S. 137).

Goldmund ist Künstler

Auch wenn er scheinbar ein gottloses Leben führt, ist ihm die Beichte wichtig (S. 144). Als er seine Berufung zur Kunst erfährt, ist er dem Meister Niklaus dankbar für seine Aufnahme als Lehrling, trotzdem erkennt er sich selbst als unzuverlässigen und faulen Menschen: „Solange eine Arbeit ihn fesselte, ihm schwierige Aufgaben stellte oder ihn seiner Fertigkeit bewußt und froh werden ließ, war er ein eifriger Arbeiter. Schwere Handarbeit tat er ungern (...)“ (S. 157). Während seines Wanderlebens wird er wiederholt zum Mörder, als er seine Geliebte verteidigt. Immer wieder sieht er in den Phasen der Reflexion seines Lebens das Muttergesicht, so scheut er sich auch nicht vor dem Tod durch die Pest. Schließlich kehrt Goldmund als alter Mann wieder in das Kloster zurück, obwohl sein Glaube mit den Erlebnissen der Wanderschaft mehr und mehr geschwunden ist. Er charakterisiert sich zuletzt selbst:

> „Ich bin kein Mönch und will auch keiner werden. Ich kenne ja die drei großen Gelübde, und mit der Armut bin ich gern einverstanden, aber ich liebe weder die Keuschheit noch den Gehorsam; diese Tugenden scheinen mir auch nicht so recht männlich zu sein. Und von Frömmigkeit ist bei mir gar nichts mehr übriggeblieben, ich habe seit Jahren nicht gebeichtet noch gebetet noch kommuniziert" (S. 265).

Sein unersättlicher Lebenstrieb führt ihn während seiner letzten Jahre, in denen er als Künstler im Kloster lebt, wieder für eine Weile auf Wanderschaft, von der er jedoch krank zurückkehrt. Aus Stolz sei er nicht direkt wegen seines Rippenbruchs zurückgekommen. Den Frieden mit Gott glaubt er, nicht gefunden zu haben (S. 302); glücklich, da er die „Sinnlichkeit" durch die Kunst beseelen konnte (S. 301), stirbt er im festen Glauben an die Rückkehr zur Mutter.

Narziß und Goldmund: Einheit durch Zweiheit

> „Narziß ist ebenso wenig der reine Geistmensch wie Goldmund der reine Sinnenmensch – sonst brauchte einer den anderen nicht, sonst schwängen sie nicht beide um eine Mitte und ergänzten sich. Narziß kann das brutale Wort vom Heiligen und Wüstling sagen, und kann am Ende doch das Ganze von Goldmunds Leben liebend bejahen."[16]

---

16 Brief Hesses an Christoph Schrempf, im April 1931. In: Michels, Volker (Hg.): *Hermann Hesse. Gesammelte Briefe. Zweiter Band, 1922–1979.* Frankfurt am Main: Suhrkamp, 1979, S. 278. In seiner Analyse des Narziß und Goldmund erkennt Adrian Hsia: *„Hesse hat Goldmund als die Verkörperung des Yin- und Narziß als die des Yang-Prinzips dargestellt. Doch sowohl im Yin ist das Yang vorhanden als* auch *umgekehrt."* (Hsia, Adrian: *Hermann Hesse und China. Darstellung, Materialien und Interpretation.* Frankfurt am Main: Suhrkamp, 1974, S. 260.)

3.5 Sachliche und sprachliche Erläuterungen[17]

Narziß: Nach der griechischen Sage war Narziß ein schöner Jüngling, der sich in sein Spiegelbild im Wasser verliebte und sich in ungestillter Sehnsucht verzehrte; an seiner Stelle spross aus der Erde die Narzisse hervor. Alle auf den eigenen Körper und die eigene Person gerichteten erotischen Regungen, die Selbstliebe, werden als Narzissmus bezeichnet. Die Psychoanalyse sieht im Narzissmus die frühkindliche Form des Geschlechtstriebes und in krankhaften Fällen die Reaktion auf verletzte Eigenliebe. – Hesses Narziß trägt manche Züge der Selbstliebe, sie ist aber zugleich gepaart mit der Liebe zu Goldmund, weshalb ein strenger Bezug auf den Narziß der griechischen Sage nicht genommen werden kann.

Goldmund: Der Name erinnert an Johannes Chrysostomos (= Goldmund), einen in der zweiten Hälfte des 4. Jahrhunderts n. Chr. lebenden Patriarchen von Konstantinopel, der ein hervorragender Prediger war und als Schutzheiliger der Kanzelredner gilt.

---

17 Die folgenden Angaben stammen weitgehend aus der vorigen Auflage dieses Erläuterungsbandes: Pfeifer, Martin: *Erläuterungen zu Hermann Hesse, Narziß und Goldmund.* Hollfeld: C. Bange Verlag, 1999, S. 32–42.

Kloster Maulbronn
© Elke Wetzig
(Elya)

Erstes Kapitel

S. 7	**Mariabronn**	Hesse schildert hier das ehemalige Zisterzienserkloster Maulbronn, in dem er nach bestandenem Landesexamen vom Herbst 1891 an als Seminarist lebte. Hesse bewohnte damals die Stube Hellas. Am 7. März 1892 floh er aus dem Seminar, wurde jedoch von einem Landjäger gefunden und zurückgebracht. Danach saß er acht Stunden im Kerker ab. Erst im Mai 1892 wurde er aus dem Seminar entlassen.
	Welschland	Früher besonders für Italien und Frankreich als Nachbarländer Deutschlands gebrauchter Ausdruck.

S. 7	**Subprior**	Prior ist der Gehilfe eines Abtes oder der Vorsteher eines Klosters; der Subprior ist sein Stellvertreter.
	die Welschen und Lateiner	Die Franzosen und Italiener.
S. 8	**Novize**	Mönch oder Nonne während der Probezeit vor der Aufnahme in einen geistlichen Orden.
	Pater	Ordensgeistlicher; Plural: Patres.
	Magie	Bei den Naturvölkern und im alten Morgenland den Priestern zugeschriebene Kunst der Beschwörung von Geistern und Seelen Verstorbener; Zauberei.
S. 9	**Dormente**	Schlafsäle.
S. 16	**Bless**	Blessbock oder Blesse ist ein Tier mit weißem Stirnfleck; hier wird Bless als Eigenname gebraucht.

Zweites Kapitel

S. 19	**Devotion**	Ergebenheit, Unterwürfigkeit.
S. 23	**Euklid**	Griechischer Mathematiker, der um 300 v. Chr. in Alexandria lebte; er fand die Grundsätze der gewöhnlichen Geometrie.
S. 26	**Stabelle**	Schemel, Holzstuhl.
S. 28	**amice**	(lat.) Freund; Anredeform.
S. 29	**beneficia**	(lat.) Wohltaten, Sondervergünstigungen.
	Stoa	Lehre des Zenon, wonach Glückseligkeit nur durch Selbstüberwindung und Gleichmut gegenüber jedem Schicksal zu erreichen ist.

Drittes Kapitel

S. 31	**Dämon**	Im Altertum und bei den Naturvölkern übernatürliches Wesen.

S. 34	**Aristoteles**	384–322 v. Chr.; bedeutender griechischer Denker und Naturforscher in Athen; Schüler Platos und Lehrer Alexander des Großen.
S. 36	**Taufpatron**	Persönlicher Schutzheiliger.
	Chrysostomus	(griechischer Ausdruck für Goldmund) Johannes Chrysostomus, um 345 geboren, 407 gestorben, war Patriarch von Konstantinopel, ein hervorragender Prediger, er gilt als Schutzheiliger der Kanzelredner; Tag: 27. Januar.
S. 35/37	**Eva**	Die Frau Adams gilt nach biblischer Auffassung als die Mutter des Menschengeschlechts.
S. 37	**Aristokraten**	Angehörige des Adels, der Aristokratie.
S. 39	**Asket**	Ein streng enthaltsamer Mensch.
S. 40	**Kapitäl**	Auch Kapitell, oberer Säulenabschluss, Pfeilerabschluss.
S. 41	**Liturgie**	Die festgelegte Ordnung des Gottesdienstes.

Viertes Kapitel

S. 50	**Intimus**	Vertrauter Freund.
S. 56	**Prosit!**	(lat.) Es möge nützen! Trinkspruch.

Fünftes Kapitel

S. 59	**Disputierlust**	Lust zu angeregtem Wortwechsel.
S. 61	**Madonna**	Bezeichnung der heiligen Jungfrau Maria.
S. 62	**Initial**	Auch Initiale, ein hervortretender großer und verzierter Anfangsbuchstabe in alten Handschriften oder Drucken.
	Ave	Sei gegrüßt! Leb wohl!

S. 63	**Theta**	Griechischer Buchstabe.
	Omega	Letzter Buchstabe des griechischen Alphabets.
	Homer	der älteste griechische Dichter, er soll nach der Überlieferung im 8. Jahrhundert v. Chr. gelebt haben.
	Petrus	Fischer aus Kapernaum, Jünger und Apostel Jesu, 64 n. Chr. unter Nero in Rom gekreuzigt. Die katholische Kirche sieht in Petrus den ersten Bischof von Rom und Stellvertreter Christi auf Erden. Hier Bezugnahme auf Matth. 14, 28–31.
S. 66	**Exerzitien**	Geistliche Übungen.
S. 69	**Refektorium**	Speisesaal in Klöstern.

Sechstes Kapitel

S. 72	**Brachfeld**	Das brachliegende Feld, Flurteil bei der Dreifelderwirtschaft.
S. 76	**Vigilien**	Nachtwachen; in der alten Kirche frei gestaltete Gottesdienste in der Nacht vom Sonnabend und vor hohen Festen, später in feste Form gebracht und auf den Vortag verlegt; in der katholischen Kirche die durch eigenen Gottesdienst und vielfach durch Fasten gekennzeichneten Vorbereitungstage vor höheren Festen.
S. 80	**Minister verbi divini**	(lat.) Diener für das göttliche Wort.

Siebtes Kapitel

S. 87	**die heilige Genoveva**	Nonne, geboren um 422, gestorben 512, katholische Schutzpatronin von Paris; Tag: 3. Januar.
S. 97	**Vergil**	Römischer Dichter, der von 70 bis 19 v. Chr. lebte.

Achtes Kapitel

S. 102	**Consecutio temporum**	(lat.) die Zeitenfolge; grammatischer Ausdruck.
S. 104	**Söller**	Erhöhter offener Saal; Vorplatz im oberen Stockwerk eines Hauses; offener Dachumgang.
S. 114	**Tota pulchra es (...)**	(lat.) Ganz schön bist du, Maria, In dir ist nicht der Erbschuld Makel. Du bist die Freude Israels, Du bist die Fürsprecherin der Sünder! Verse 1 und 2 aus dem Graduale (Stufengesang) zum Fest der unbefleckten Empfängnis der allerseligsten Jungfrau Maria am 8. Dezember; daraus umgestellt, auch Vers 3 (Übersetzung nach dem vollständigen Römischen Messbuch).

Neuntes Kapitel

S. 124	**Ried**	Moor.
S. 126	**König Saul**	Der erste israelitische König, er lebte um 1000 v. Chr.; er verfiel später in Schwermut.
S. 127	**kreißen**	In Geburtswehen liegen.
S. 128	**Schnapphahn**	Wegelagerer.
S. 129	**in saecula saeculorum**	(lat.) in alle Ewigkeit.
	Vagantenlatein	Das nicht ganz einwandfreie Latein wandernder Geistlicher oder Schüler.
	Weiler	Gehöft, kleine dörfliche Siedlung.
	Tribut	Erzwungene Abgabe.
	Paviaschlacht	In der Schlacht von Pavia am 24. Februar 1525 wurde König Franz I. von Frankreich von den Truppen Kaiser Karls V. besiegt.

S. 129	**Lied von der Paviaschlacht**	Volkslied auf den höchsten Ehrentag der deutschen Landsknechte, den Sieg von Pavia über die Schweizer Reisläufer (Söldner), die damals als die besten Soldaten galten.
S. 133	**Bramarbas**	Großsprecher, Prahlhans.
S. 135	**Vagant**	Fahrender; umherziehender Sänger, Spielmann und Dichter; wandernder Geistlicher; fahrender Schüler im Mittelalter.
S. 136	**Schnappsack**	Sack für Mundvorrat; hier im übertragenen Sinne: Spitzbube.
S. 137	**Vesper**	Nachmittags- bzw. Abendandacht.
	Matutine	Frühmesse.
	Freund Hein	Hüllwort für Tod; diese Bezeichnung stammt von Matthias Claudius.
	Heirassasa	Hier: Bezeichnung für den Tod.
	Kienspan	Ein Span harzreichen Holzes.

Zehntes Kapitel

S. 141	**eine der schönsten und berühmtesten Straßen des Reiches**	Es handelt sich hier vermutlich um die Handelsstraße von Frankfurt über Würzburg nach Nürnberg.
S. 145	**Meister Niklaus**	Es ist nachweisbar, dass Meister Niklaus dem Bildhauer und Bildschnitzer Tilmann Riemenschneider (um 1460–1531) nachgebildet ist.
	Bischofsstadt	Obwohl Hesse keine Namen nennt, ist anzunehmen, dass es sich um die alte Bischofsstadt Würzburg handelt. Das Bistum Würzburg wurde 741 von Bonifatius gestiftet.

Elftes Kapitel

S. 157	**Aorist**	Die Form des Zeitworts für eine in der Vergangenheit tatsächlich erfolgte Handlung; im Griechischen die erzählende Zeitform.
S. 160	**Magdalena**	Maria von Magdalena, Begleiterin Jesu, die büßende Magdalena der Legende und Kunst; katholische Schutzheilige der Büßerinnen; Tag: 22. Juli.
S. 161	**Spanne**	Ein natürliches Maß, der Abstand zwischen der Spitze des Daumens und des Mittelfingers bei gespreizter Hand.
S. 163	**Probst**	Erster geistlicher Würdenträger in Dom- und Stiftskapiteln, auch Titel des Pfarrers geschichtlich bedeutsamer Pfarreien.
	Brokat	Gold- oder silberdurchwebte Seide.
S. 169	**Ornament**	Schmuckform, Verzierung.

Zwölftes Kapitel

S. 178	**Trüsche**	Auch Aalraupe, einziger Süßwasserschellfisch Europas.
	Rotauge	Eine Fischart.
S. 181	**der heilige Sebastian**	Märtyrer, katholischer Schutzheiliger der Schützen; Tag: 20. Januar. Er wurde nach der Überlieferung von mauretanischen Schützen mit 1000 Pfeilspitzen durchbohrt.

Dreizehntes Kapitel

S. 190	**der heilige Gallus**	Ire, um 645 gestorben; er predigte das Christentum in Alemannien; gründete das Kloster St. Gallen; katholischer Heiliger, Tag: 16. Oktober.
S. 192	**Hofstatt**	Haus mit Umgebung.
S. 194	**Kotzen**	Grober Wollstoff.
	Walstatt	Schlachtfeld, Kampfplatz.

Vierzehntes Kapitel

S. 213	**Spitalbüttel**	Gehilfen im Kranken- oder Pflegehaus oder Altersheim.
S. 214	**oder es sollten die Juden sein**	Während der großen Pestepidemie in Europa um 1350, aber auch, wenn später Hungersnöte und Seuchen auftraten, wurden die Juden verantwortlich gemacht und mussten mitunter grausame Verfolgungen erleiden.
	Fiedel	Geige; auch Attribut des Todes.
S. 217	**als Jüdin erkennen**	Erneuter Hinweis darauf, dass den Juden die Schuld an der Pest gegeben wurde.
S. 219	**buhlen**	Lieben; heute meist in abfälliger Bedeutung.

Fünfzehntes Kapitel

S. 229	**Sakrament**	Gnadenmittel der Kirche.
S. 230	**Kebse**	Nebenfrau.
S. 231	**Klepper**	Dürres, hageres, auch schlechtes Pferd.
	Schinderknechte	Leichenbeseitiger.
	Orgie	Ausschweifendes Gelage.
S. 232	**Bollwerk**	Frühere Bezeichnung für Befestigungswerke.

Sechzehntes Kapitel

S. 242	**Mummenschanz**	Maskenfest.

Siebzehntes Kapitel

S. 253	**Responsieren**	Respondieren: antworten, entsprechen, widerlegen.
S. 255	**Renomistentum**	Aufschneiderei.

S. 260	**der heilige Thomas**	Hier Thomas von Aquino, 1225 bis 1274; Dominikaner; der bedeutendste Vertreter der Scholastik, der die Lehre des Aristoteles mit der christlichen Lehre zu verschmelzen suchte; katholischer Heiliger; Tag: 7. März.
S. 265	**Kommunizieren**	Das Abendmahl empfangen.

Achtzehntes Kapitel

S. 268	**Laie**	Nichtgeistlicher.
S. 271	**Mystiker**	Anhänger der Mystik, einer Frömmigkeitsform, welche die Einheit mit Gott schon im Leben wenigstens zeitweise voll erleben zu können meint.
S. 273	**Potenz**	Macht, Leistungsfähigkeit, innewohnende Kraft.
S. 276	**Apathie**	Gleichgültigkeit, Teilnahmslosigkeit.
S. 277	**Patriarchen**	Die Stammväter Israels: Abraham, Isaak und Jakob.

Neunzehntes Kapitel

S. 293	**subtil**	Spitzfindig; auch: zart, fein.

Zwanzigstes Kapitel

S. 296	**Sankt Jakob**	Jakobus der Ältere, Apostel; Sohn des Zebedäus; Bruder des Evangelisten Johannes, 44 n. Chr. hingerichtet; Gedenktag: 25. Juli

3.6 Stil und Sprache

ZUSAMMEN-FASSUNG

In *Narziß und Goldmund* werden Stil und Sprache von dem Konzept der Seelenbiografie bestimmt. Kennzeichnend dafür ist ein reflektorischer, das Innere und Unbewusste aufspürender Stil, der die Perspektive des Protagonisten widerspiegelt. Stilistisch verweisen Wörter im bestimmten Kontext auf größere Zusammenhänge (z. B. Traumsymbolik). Zudem äußert sich der leitmotivische Polaritätsgedanke in dialektischem Sprechen, bei dem gegensätzliche Begriffe oder Gedanken nebeneinandertreten.

SPRACHLICHES MITTEL	ERKLÄRUNG	TEXTBELEG
Metapher[18] (märchenhafter Stil)	Ein Wort oder eine Wortgruppe werden aus dem gewohnten Bedeutungszusammenhang auf einen anderen übertragen. Metaphorische Redeweise kann sich auch auf einen Satz oder auf Redezusammenhänge ausdehnen.	S. 25: „Da schien alles schon zu schlafen, bleich schimmerten die niederen Giebel, von den dunklen Rippen des Gebälks durchwachsen (...)"
Neologismus	Wortneuschöpfung	S. 81: „Goldmundwege"

18 vgl. hierzu: Matzkowski, Bernd: *Wie interpretiere ich? Grundlagen der* Analyse *und Interpretation einzelner Textsorten und Gattungen mit Analyseraster.* Hollfeld: C. Bange, 1997, S. 118–120.

SPRACHLICHES MITTEL	ERKLÄRUNG	TEXTBELEG
Anapher	Wiederholung desselben Wortes oder derselben Wortgruppen am Anfang mehrerer aufeinander folgender Sätze.	S. 81: „Ihm lag es nicht ob, diese schönen und schauerlichen Rätsel und Verwirrungen zu ergründen und Wichtiges darüber zu sagen. Ihm lag nichts ob, als (...) weiterzugehen. Ihm lag nichts ob, als sich hinzugeben und zu lieben (...)."
Parallelismus	Wiederholung derselben Satzteilreihenfolge in zwei oder mehreren aufeinander folgenden Sätzen.	S. 8: „Zuzeiten war das Kloster berühmt und besucht wegen seiner Teufelsbanner und Dämonenkenner, zuzeiten wegen seiner ausgezeichneten Musik, zuzeiten wegen eines heiligen Vaters (...), zuzeiten wegen seiner Hechtsuppen (...)."
Klimax	Anordnung einer Wort- oder Satzreihe nach stufenweiser Steigerung im Aussageinhalt.	S. 55: „*Er sah*, er war sehend geworden. *Er sah sie*. Er sah die Große, Strahlende, mit dem voll blühenden Munde, mit den leuchtenden Haaren. *Er sah* seine *Mutter*."
Rhetorische Frage	Frage, auf die keine Antwort erwartet wird.	S. 172: „Vielleicht war es also doch der Mühe wert, sein ganzes Leben in den Dienst der Kunst zu stellen, (...), nur um einmal etwas so Schönes hervorzubringen, das (...) bis ins letzte mit sicherer Meisterschaft gekonnt war? Dies war eine große Frage."

SPRACHLICHES MITTEL	ERKLÄRUNG	TEXTBELEG
Antithese	Behauptung, die im Gegensatz zu einer bestehenden These aufgestellt wird. Gegenüberstellung gegensätzlicher Begriffe und Gedanken.	S. 47: „Eure Heimat ist die Erde, unsere die Idee. Eure Gefahr ist das Ertrinken in der Sinnenwelt, unsere das Ersticken im luftleeren Raum. Du bist Künstler, ich bin Denker. (...) Mir scheint die Sonne, dir scheinen Mond und Sterne (...)"
Dichotomie	Zweiteilung	S. 63: „er liebt das Seiende, nicht das Werdende, das Wirkliche und nicht das Mögliche."
Kopplung von Sätzen und Paarung von Satzgefügen		Vgl. den ersten Abschnitt, Kapitel 1
Dialektisches Sprechen (siehe Antithese)	Gegensätzliche Begriffe und Gedanken treten satzweise und abschnittsweise zusammen.	S. 33: „Ein Sehender und ein Blinder"
Rückgriff	Etwas bereits Gesagtes wird noch einmal aufgegriffen.	S. 66: „Auch daß ich dich an deine Mutter erinnerte, hat zuerst weh getan, sehr weh, man fand dich wie einen Toten im Kreuzgang liegen."
Vorgriff	Behandlung eines Aspektes, der später ausführlich thematisiert werden soll.	S. 65: „Er hat begonnen, dich zu deiner Mutter zurückzuführen und wird dich ihr noch näherbringen."

3.7 Interpretationsansätze

ZUSAMMEN-FASSUNG

Narziß und Goldmund kann unter dem Gesichtspunkt der Kunst als Medium zur Vereinigung von Gegensätzen gedeutet werden, ebenso bietet sich die Untersuchung der verschiedenen Motivverbindungen in der Erzählung an.
Bedeutende Interpretationsansätze betrachten weiterhin die Gestaltung der Idee des Vollkommenen und arbeiten das Verhältnis Goldmunds zu Frauen heraus.

Kunst als Medium der Einheit

Vereinigung der Gegensätze Geist und Leben, Rationalität und Sinnlichkeit durch die Kunst

Die leitende Problematik der Erzählung ist die Vereinigung der ewigen Gegensätze Geist und Leben oder Sinnlichkeit und Rationalität. Bereits Fausts Klage: „Zwei Seelen wohnen, ach! in meiner Brust“ (V.1112) bringt die Neurose des intellektuellen Menschen auf den Punkt. Hermann Hesse scheint in der Kunst das Medium gefunden zu haben, durch welches die harmonische Vereinigung der menschlichen Grundtriebe möglich ist. Zu dieser Feststellung kommt unter anderem Peter Hamecher in seiner Analyse der Erzählung:

> „Im Kunstwerk hebt sich die unlösbare Zweiheit von Geist und Leben auf. Spät sitzen Goldmund und der Abt Johannes, der einst Narziß war, zusammen. Jeder hat sein Lebensschicksal aus dem innersten Müssen, aus den mitgegebenen Kräften erfüllt. Und nun reden sie von der Kunst. Beide: Der Künstler wie der Mensch der Abstraktion erkennen, dass sie auf verschiedenen Wegen auf den krummen, viel verschlungenen der eine, auf den geraden, behüteten der andere, dasselbe Ziel gesucht:

den Sinn, das Geheimnis des Seins. Aber der Künstler kam ihm doch näher. Nur er findet, erlebend, schauend, die Einheit. Und: ‚Die Kunst ist unschuldiger', gesteht Narziß. So endet das Werk mit dem Triumph der Kunst, in der Geist und Leben, die ewig getrennten, wirklich eins werden."[19]

Motivverbindungen in *Narziß und Goldmund*

Anknüpfungen an *Demian* und *Faust* im „Ruf der Mutter"

Eine Möglichkeit zur Deutung des Romans ist seine Einordnung in das Lebenswerk des Dichters. Der Vergleich typischer Leitmotive und Themen sowohl in Hesses Gesamtwerk als auch über dieses hinaus ist ein effektiver Weg, um neue Einsichten über die Gedankenwelt Hesses zu erlangen. So findet zum Beispiel Wilhelm Kunze in seiner Untersuchung des *Narziß und Goldmund* deutliche Anknüpfungen an Hesses *Demian* sowie an Goethes *Faust*. Solche Verbindungen können auch nützlich für eine Unterrichtsgestaltung sein.

„‚Narziß und Goldmund' (...) bringt nach zehn Jahren auf erhöhter Stufe fast die gleichen Motive, helle und dunkle, die einst den ‚Demian' durchlebten. (...) Narziß und Goldmund sind zwei Gestalten wie Kain und Abel mythische Gestalten sind. Es sind zwei Welten, – dieselben ‚zwei Welten' der ruhigen geordneten Sicherheit und des lockenden wilden Lebens, wie sie im Beginn des Demian-Romans erstehen. Hier aber werden sie geklärt, beim Namen genannt: Es ist das väterliche und mütterliche Prinzip des Lebens, die Welt des Geistes und die Welt der Seele. ‚Heim kommt man nie', sagt die Mutter Eva im ‚Demian' zu Sinclair. Und auch Goldmund ist, wie Sinclair, einer der Hei-

---

19 Peter Hamecher, Berliner-Börsen-Zeitung, Nr. 116, 1930. In: Hsia, Adrian (Hg.): *Hermann Hesse im Spiegel der zeitgenössischen Kritik*. Bern: A. Francke AG, 1975, S. 322.

matlosen, die ein ‚kindliches und tapferes, ein ärmliches und starkes Leben' führen. (...) Mehr als Sinclair folgt Goldmund dem ‚Ruf der Mutter'. Und selbst als er seine künstlerische Begabung entdeckt und sich rühmlich betätigt hat, ist er sich dessen bewusst, dass der Ruf der Mutter höheren Gehorsam verlangt als alle künstlerische Bestimmung: ‚Die Kunst war eine schöne Sache, aber sie war keine Göttin und kein Ziel, für ihn nicht; nicht der Kunst hatte er zu folgen, nur dem Ruf der Mutter'. Er führt zum Leben, dieser Ruf, er führt zur Tiefe, er führt zum Geheimnis. (...) Und wie Faust zu den Müttern geht, die ‚des Lebens Bilder' umschweben, wie Faust durch ‚Graus und Wog' und ‚Welle der Einsamkeiten' geführt wird, die Mephisto als ‚Nichts', Faust aber als ‚All' empfindet, so führt der Weg Goldmunds durch Tiefen des menschlichen Lebens, durch Ängste und Grauen, durch Leidenschaften und Leiden – zu den Müttern, zu den ‚Urbildern' (...)."[20]

Die Idee des Vollkommenen

Psychologisch-philosophische Erkenntnisse stehen in allen Werken Hesses im Vordergrund, so auch die Annäherung an die Idee des Vollkommenen, deren Gestaltung in *Narziß und Goldmund* Günter Baumann hervorhebt:

Es gibt kein vollkommenes Sein für den Menschen, sondern nur ewige Annäherung auf verschiedene Weise

„In einem Gespräch weist Narziß Goldmund darauf hin, dass ein vollkommenes Menschtum unerreichbar und das menschliche Leben deshalb ein ewiges Unterwegssein ist: »Das vollkommene Sein ist Gott. Alles andere, was ist, ist nur halb, ist teilweise (...) es gibt für uns keine Vollkommenheit, kein völliges Sein.« [S. 272–273]

20 Wilhelm Kunze, Nürnberger Zeitung Nr. 94 vom 23. 4. 1930. Ebd., S. 323 f.

Zwei dieser Annäherungen an die Idee des Vollkommenen sind Narziß und Goldmund – und zwar auf diametral verschiedene Weise. Goldmund nähert sich der Vollkommenheit über das Leben und die Kunst. Der Preis dieser existenziellen Grundhaltung ist seine ewige Ruhelosigkeit, die ihn vor der Vergänglichkeit des Lebens in die Kunst und vor der Stagnation in einem sesshaften Künstlerdasein wieder ins Leben fliehen lässt. Narziß dagegen versucht eine geistig-religiöse Annäherung an die Idee des Vollkommenen. Er begreift sein Leben als eine unendliche Annäherung an Gott. Der Preis dieser Lebenshaltung ist die fehlende Verwirklichung des mütterlichen Lebensprinzips, und so kommt es, dass der frühere Führer von Goldmund am Ende des Romans selbst zum Geführten wird, wenn der sterbende Goldmund seinen Freund auf seine unrealisierte Anima hinweist: »Aber wie willst du denn einmal sterben, Narziß, wenn du doch keine Mutter hast? Ohne Mutter kann man nicht lieben. Ohne Mutter kann man nicht sterben.« [S. 305]“[21]

Goldmund und die Frauen

Goldmund sucht bei den Frauen nach der Quelle der Natur

Hermann Hesse beschreibt das Verhältnis seines Protagonisten zu den Frauen folgendermaßen:

„Wenn Goldmund, ohne etwas hinzuzulernen, ohne seine Erlebnisse konsequent durchzudenken, immer wieder zu den Frauen läuft, so ist das für mich etwa so, wie wenn eine Biene immer und immer wieder zu den Blumen fliegt, immer wieder der gleichen dunklen Anziehung folgend einen Tropfen Saft mitnimmt, ihr Verhältnis zu den Blumen nie vertieft und vergeistigt, dafür aber zuhause, die Blumen schnell vergessend, ihren Honig

21 Limberg (Hg.), S. 56.

macht: sie tut auch das nicht aus irgend edlen und sehr bewußt werdenden Antrieben, sondern ebenfalls zwanghaft, weil es der Bienenstock, weil es die Zukunft und Nachkommenschaft von ihr verlangt, weil sie irgendwie dienen und sich hingeben muß. So dient Goldmund nicht der Frau, und dient nicht der Beseelung seiner Liebe, sondern er trinkt bei der Frau, als der für ihn wirksamsten Quelle der Natur, den Tropfen Erlebnis, den Tropfen Lust und Qual, aus dem er, wenn die Zeit dafür da ist, seine Werke machen wird, seinen Honig."[22]

---

22 Brief an Helene Welti, im April 1931. In: Michels (Hg.), *Gesammelte Briefe*, S. 277.

4. REZEPTIONSGESCHICHTE

ZUSAMMEN-FASSUNG

Nach Erscheinen lobte man die Aktualität und Zeitlosigkeit von *Narziß und Goldmund* als Gegenentwurf zur politischen und geistigen Zerrissenheit der Zeit, ebenso wie den ‚reinen' Erzählstil und die Charakterzeichnung der Figuren Hesses. Auch Kritik wurde geäußert (Vorwurf der Trivialität und Romantisierung).

Thomas Mann lobt die Aktualität

Im Jahre **1929**, unmittelbar nach der ersten Veröffentlichung des Werkes in der *Neuen Rundschau*, betont **Thomas Mann** die **Aktualität** des *Narziß und Goldmund* **trotz** seiner **Zeitlosigkeit**:

> „[*Narziß und Goldmund*] setzt mit großer sprachlicher Schönheit ein und scheint in einer mittelalterlichen Zeitlosigkeit zu schweben, die dem poetischen Bedürfnis dieses der rohen Aktualität widerstrebenden Geistes entspricht, ohne darum seine schmerzliche Fühlung mit den Problemen der Gegenwart zu verleugnen."[23]

Paul Rilla (1930) lobt Hesses *Narziß und Goldmund* als **Gegenentwurf zu** der politischen und geistigen **Zerrissenheit der Zeit**:

> „Seine neue große Erzählung ‚*Narziß und Goldmund*' bedeutet abermals eine strenge Summe geistiger Erkenntnis und schöpferischen Erlebens – einen Reichtum an Weltwissen und

---

23 Thomas Mann im Vorwort zum Katalog *Utländska Böcker* 1929. In: Unseld, Siegfried (Hg.): *Hermann Hesse. Werk und Wirkungsgeschichte*. Frankfurt am Main: Suhrkamp, 1986, S. 139.

> Weltgestaltung, der umso erregender wirkt, je gelassener und gedämpfter er sich im Fluss der Erzählungen spiegelt. (...) Entzieht sich Hermann Hesse den Aufgaben der Zeit? Er erfüllt seine Aufgabe: der Zeit das Kräftespiel der ewigen Lebensmächte entgegenzuhalten, im fliehenden, zerrinnenden Tagesspuk das Urbild des Daseins und alle schöpferischen Elemente der künstlerischen Verzauberung rein zu bewahren. Wo es galt, sich im politischen und geistigen Wirrwarr der Zeit zu bekennen und zu entscheiden, da hat Hermann Hesse seiner Gewissenspflicht Genüge getan wie kaum einer unter den Schreiern einer lärmenden Zeitgemäßheit."[24]

Max Herrmann-Neiße (1930) schätzt die **Erzählung als Poesie**, als „unzeitgemäße Poesie", da sie nicht mit der Reportage wetteifere, sich nicht um Aktualität kümmere und nicht mit „politischer Tendenz, verrücktem Getu oder Pikanterie"[25] kitzele.

Als die **„innigste Gestaltung des Don Juan- und Casanova-Motivs"** bezeichnet **Heinrich Wiegand (1930)** die Erzählung Hesses und beschreibt sie folgendermaßen:

> „Während der grandiose Don Juan seine Rechtfertigung erst durch Mozarts Musik fand, der leichtere Casanova durch das Sittendokument seiner Erinnerungen, erfährt sie **Goldmund** durch sein Künstlertum. Die Liebeshandlungen sind mit ebensolcher Kühnheit wie unendlicher Zartheit beschrieben – jemand hat davon gesagt: Es sei, als küssten sich die Sätze. In dieser Prosadichtung höchsten Anspruches, die in die Reihe

---

24 *Hermann Hesse, Die Zeit und die Kunst, Breslauer Neueste Nachrichten vom 5. Mai 1930.* In: Unseld (Hg.), S. 135.
25 Max Hermann-Neiße in *Die Literarische Welt* 6, Nr. 23, 1930. In: Unseld (Hg.), S. 137.

der klassischen deutschen Entwicklungsromane sich aufs Persönlichste einfügt, ist formal alles aufs Glückhafteste ausgewogen. Neben den Süßigkeiten des Erotischen steht die düstere Gewalt der Pestschilderungen, die atmosphärische Dichte der Naturstimmungen. Die bunte glühende Abenteuerwelt umfasst der geistige Ring der Gespräche. In ihnen ruht eine Fülle der Weisheit, der Lebens- und Liebeserfahrung; die Biologie des Künstlers und das Wesen des Kunstwerkes werden authentisch dargestellt."[26]

Oskar Loerke hebt Darstellung und Stil hervor

Oskar Loerke (1930) hebt die Darstellung der **Gespaltenheit des menschlichen Wesens** in den Protagonisten hervor und lobt den **„reinen" Erzählstil** des Romans:

„Die Spaltung unseres Wesens, das sich nach Hoheit und Ruhe, nach Vernunft und Nüchternheit des Wissens sehnt und zugleich nach gottlosem Rausch und sinnenfreudiger Hingebung an die Welt, wird in den beiden Hauptgestalten dieses Buches anschaulich: Narziß, der klar und streng um den letzten Sinn Bemühte, der geborene Lehrer und Weise, der Mönch und Abt – Goldmund, der ewig umgetriebene Lebensschüler, der selige Abenteurer des leiblichen Daseins, der Liebende, der Träumer und Bildner, der Todfeind der Besitzenden und Sesshaften. Wie die beiden Freundschaft schließen, in langer Trennung vorbestimmte Wege gehen und sich zum Abschied auf immer wiederfinden, das ist hier bezaubernd rein und im Tonfall schwermütigen Glücks erzählt."[27]

---

26 Heinrich Wiegand in *Leipziger Volkszeitung*, 12. Juli 1930. In: Unseld (Hg.), S. 137.
27 Oskar Loerke 1930 in der Verlagsankündigung, ebd.

Kritik von Eckart Kleßmann

Eckart Kleßmann kritisiert den Roman als „vollgestopft mit Trivialitäten" und beschreibt ihn als **Geheimnis ohne Duft**:

> „Und wo bleibt das Geheimnis dieses Buches? (...) – ein Buch ohne Geheimnisse, doch vollgestopft mit Trivialitäten. Dabei entspricht der schablonenhaften Erfindung eine verkümmerte, abgenutzte Sprache, die von ‚der Nähe dieser blühenden lichten Blondheit' reicht bis zu ‚seinem überströmenden Herzen, mit seiner blühenden Liebesberauschtheit' und dem inflationären Gebrauch eines so verbrauchten Wortes wie ‚hold' (...) Dieser Roman, in dem so schulmeisterlich penetrant von Sinnlichkeit geredet wird, ist ein Buch ohne Gerüche. Was immer in dieser Welt des Mittelalters – beredet, nicht gestaltet – vor sich geht: Jeder Duft, jeder Gestank ist aus den Seiten hinausdesodoriert. Das beschriebene Grauen riecht nicht nach Blut und Todesangst, die Werkstatt nicht nach Leim und Holz, die Liebe nicht nach Lust, die Wiese nicht nach Heu. Aus diesem Roman wurden die Sinne gründlich ausgetrieben und ersetzt durch eine austauschbare Sprache, die ‚das bange Schlagen des Herzens, den wehen Stachel der Sehnsucht' mit Poesie verwechselt."[28]

Ernst Robert Curtius lobt die **Verschmelzung von Romantik** und Realistik in höchsten Tönen:

> „Das Ganze ist ein wundervoll farbiges Bild aus deutschem Mittelalter, in dem Romantik und Realistik verschmolzen sind. Fruchtig, duftend, rund, in sich selbst ruhend, ohne Lehrhaftigkeit und ohne Problematik; buntes Gewebe ewiger Lebens-

---

28 Kleßmann, Eckart: *Geheimnis ohne Duft.* In: Reich-Ranicki, Marcel (Hg.): *Romane von gestern – heute gelesen. 1918–1933.* Frankfurt am Main: S. Fischer, 1998, S. 234–235.

> mächte, getränkt mit zauberischen Essenzen, die uns an Arnim, Tieck, Novalis gemahnen – aber durch geheime Blutsverwandtschaft, nicht durch literarische Anleihen (...).“[29]

Kritik von Gottfried Benn

In einem Brief an Ernst Robert Curtius äußert **Gottfried Benn (1950)** seine **Verblüffung über die Lobpreisung** des Hesse'schen Romans durch Curtius:

> „[Hesse] empfand ich immer als einen durchschnittlichen Entwicklungs-, Ehe- und Innerlichkeitsromancier – eine typisch deutsche Sache, auch sind mir Menschen, die immer an Nervenkrisen leiden, nicht angenehm. Aber andererseits zeigt gerade Ihre Studie über H. besonders klar das Ambivalente Ihrer literarischen Analysen: im Vordergrund Wohlwollen, Zustimmung, Anerkennung und im Hintergrund ein diabolisches Fragezeichen. Das wird wohl immer so sein, wenn ein überlegener Bedeutender sich mit einem Unbedeutenderen beschäftigt.“[30]

Joseph Mileck entdeckt zwei Möglichkeiten des Menschlichen

Wie in den meisten großen Erzählungen Hesses stelle der Autor auch in *Narziß und Goldmund* **zwei Möglichkeiten des Menschlichen** nebeneinander, so **Joseph Mileck (1979)**, **das ideale Mögliche** und **das dubiose Tatsächliche**. Goldmund sei offensichtlich das Mögliche und Narziß das Tatsächliche.[31]

---

29 Unseld (Hg.), S. 137.
30 Ebd.
31 Unseld (Hg.), *Werk- und Wirkungsgeschichte*, S. 139.

5. MATERIALIEN

Zum gemeinsamen Sinn im Werk Hesses

Der Anwalt des Individuums

Die folgende Äußerung Hermann Hesses über den Sinn seiner Dichtungen fasst die sein Gesamtwerk kennzeichnenden Leitthemen zusammen. Der Dichter bezeichnet sich selbst als **Anwalt** für die Persönlichkeit des Individuums, deren Unterdrückung durch die Gesellschaft er persönlich nachempfinden kann. Sein Werk dient den **nicht Gleichgeschalteten** in der Welt zur Ermutigung.

„Meine Dichtungen sind alle ohne Absichten, ohne Tendenzen entstanden. Wenn ich aber nachträglich nach einem gemeinsamen Sinn in ihnen suche, so finde ich allerdings einen solchen: Vom ‚Camenzind' bis zum ‚Steppenwolf' und ‚Josef Knecht' können sie alle als eine Verteidigung (zuweilen auch als Notschrei) der Persönlichkeit, des Individuums gedeutet werden. Der einzelne, einmalige Mensch mit seinen Erbschaften und Möglichkeiten, seinen Gaben und Neigungen ist ein zartes, gebrechliches Ding, er kann wohl einen Anwalt brauchen. Und so wie er alle großen und starken Mächte gegen sich hat: den Staat, die Schule, die Kirchen, die Kollektive jeder Art, die Patrioten, die Orthodoxen und Katholiken aller Lager, die Kommunisten oder Faschisten nicht minder, so habe ich und haben meine Bücher immer alle diese Mächte gegen sich gehabt und bekamen ihre Kampfmittel, die anständigen wie die brutalen und gemeinen, zu spüren. Es wurde mir tausendmal bestätigt, wie gefährdet, schutzlos und angefeindet der Einzelne, der nicht Gleichgeschaltete in der Welt steht, wie sehr er des Schutzes, der Ermutigung, der Liebe bedarf."[32]

32 Unseld (Hg.), Vorwort.

Zum Künstlersein

In einem Brief an Christoph Schrempf apelliert Hesse an den Adressaten, in Goldmunds Leben nicht nur die flüchtigen Beziehungen zu verschiedenen Frauen zu betrachten, sondern vor allem die Kunst, das Künstlersein des Protagonisten zu werten. Nicht nur die eine Hälfte der Figur, sondern die Figur als ein Ganzes sei zu betrachten.

Nur Teile eines Ganzen

„Sie werten in Goldmunds Leben die Kunst, das Künstlersein, überhaupt nicht. Daß Goldmund das, was er bei den Frauen nicht konnte, in der Kunst fertigbringt: die Beseelung des Sinnlichen und dadurch das Erreichen des Schönen – das existiert für Sie überhaupt nicht. Und ebenso sehen Sie in meinen Worten an Frau E. allzusehr nur den Artisten, den Erzähler, der sich seiner Aufgabe rein formal möglichst gut entledigen will, der sein Gewissen, statt gegen das Leben, nur gegen das Können anwendet. Dem ist nicht so, weder Goldmund ist so, noch bin ich so. (...) Wir beide, Goldmund und ich, sind das Gegenteil von vorbildlichen Menschen, und darum sind wir beide auch nur Hälften. Goldmund ist erst mit Narziß (oder doch mit seiner Beziehung zu Narziß) zusammen ein Ganzes. Ebenso bin ich, der Künstler Hesse, der Ergänzung bedürftig durch einen Hesse, der den Geist, das Denken, die Zucht, sogar die Moral verehrt, der pietistisch erzogen ist und der die Unschuld seines Tuns, auch seiner Kunst, immer wieder aus moralischen Verwicklungen heraus neu finden muß. Es ist dem Goldmund ebenso unmöglich wie mir selber, mein Leben, z. B. meine Beziehung zur Frau, durch das zu reinigen und zu fördern, was Sie denken nennen. Ich habe, wie Goldmund, zur Frau ein naiv sinnliches Verhältnis, und würde wahllos lieben wie Goldmund, wenn nicht eine angeborene, anerzogene Achtung vor der Seele des Mitmenschen (also der Frau) und eine ebenso anerzogene Scheu vor dem bedenkenlosen Sichhingeben an die Sinne mich zügeln würde."[33]

33 Brief an Christoph Schrempf, April 1931. In: Unseld (Hg.), S. 134.

6. PRÜFUNGSAUFGABEN MIT MUSTERLÖSUNGEN

Unter www.koenigserlaeuterungen.de/download finden Sie im Internet zwei weitere Aufgaben mit Musterlösungen.

Die Zahl der Sternchen bezeichnet das Anforderungsniveau der jeweiligen Aufgabe.

Aufgabe 1 ***

Textgrundlage: Beginn des achten Kapitels (S. 98–99)
1. Analysieren Sie die Textgrundlage im Hinblick auf die thematischen, erzählerischen und kompositorischen Elemente der Seelenbiografie.
2. Beurteilen Sie Hesses Konzeption der Seelenbiografie eines Individuums vor dem zeitgeschichtlichen Hintergrund.

Mögliche Lösung in knapper Fassung:

ANALYSE

Zu 1: Die thematischen, erzählerischen und kompositorischen Elemente der Textgrundlage stehen in der Funktion der Seelenbiografie. Sie dienen dazu, die innere, seelische Entwicklung in den Vordergrund und das äußere Handlungsgeschehen in den Hintergrund zu stellen. Die äußere Handlung hat, wie hier, initiierenden Charakter. Raffender Erzählerbericht schickt voraus, auf welcher Stufe seines Weges sich Goldmund gerade befindet, wobei Goldmunds Bezug zu Frauen fokussiert wird. In einem ausführlichen Selbstgespräch, formal als direkte Rede markiert, wird vorgeführt, wie er selbst dem Erlebnis nachsinnt und es und sich selbst dabei zu verstehen versucht. Dabei hat er Probleme, das Verhalten der Frauen zu verstehen, was daraus resultiert, dass er Liebe und wollüstigen Trieb nicht unterscheiden kann. Dieses Verständnisproblem wird durch die folgende Passage in der erlebten Rede durch Betonung der Art und Weise des Gedankengangs Goldmunds augenscheinlich; es zeigt auf, dass Goldmund erst auf dem Weg zur Reife ist.

Die intensive Reflexion seiner Erfahrungen mit Frauen, der Tatsache, dass er nach wie vor keine feste Bindung eingeht, bringt zum Ausdruck, dass Goldmunds Suche nach der Urmutter seinen Individuationsweg bestimmt. Hat er die Mutter, ohne die er aufgewachsen ist, einst vergessen und verdrängt, so ist die Bindung an das weibliche Geschlecht von dieser urkindlichen Erfahrung geprägt und treibt ihn unbewusst an (im realen Leben und in seinen Träumen). Somit erhält das Bild der Urmutter leitmotivische Funktion und wird an entscheidenden Passagen thematisiert (z. B. Romanschluss). Die in der Textgrundlage deutlich werdende Wechselwirkung zwischen äußerem Erlebnis und innerer Reflexion ist der „Motor" für den Handlungsgang.

ASPEKTE EINER BEURTEILUNG

Zu 2: Anbindung der Stellungnahme an Hintergrundwissen und Text; Umsetzung der formalen Kriterien einer schriftlichen Beurteilung (Stellungnahme).

Aufgabe 2 **

> **Textgrundlage: z. B. Passagen aus S. 42–45**
> **1. Charakterisieren Sie vergleichend unter Bezugnahme auf die Textgrundlage die Protagonisten Narziß und Goldmund und erläutern Sie dabei Hesses Figurenkonzeption und -konstellation.**
> **2. Als Goldmund im Beisein seines Freundes stirbt, richtet er folgende Worte an Narziß: „Ohne Mutter kann man nicht lieben. Ohne Mutter kann man nicht sterben" (S. 305). Schreiben Sie – ausgehend von dieser Textstelle – einen inneren Monolog von Narziß.**

Mögliche Lösung in knapper Fassung:

CHARAKTERISIERUNG

Zu 1: Narziß ist mit besonderen intellektuellen Fähigkeiten ausgestattet, seinen Wunsch nach Freundschaft dominiert der ‚Trieb' zur reinen geistigen Aktivität, verkörpert im asketischen Mönch. Aufgrund seiner Reflexionsgabe erkennt er in Goldmund die genau gegensätzliche Veranlagung, die Zerrissenheit in dessen Seele, aufgrund derer er den für ihn falschen Weg des Novizen einschlägt und die er erst im Verlauf seines Individuationsweges reflektieren und begreifen lernen muss.

Gemeinsam verkörpern die zwei Freunde, dem leitmotivischen Polaritätsgedanken entsprechend, die zwei „Seelen" des Menschen, von denen nur beide zusammen ein ausgewogenes Ganzes bilden, was Narziß als asketischer Denker dem sinnenbetonten Künstler Goldmund plausibel, unter Verwendung dialektischen Sprechens und anschaulicher, dualistischer Begrifflichkeit aus dem Erfahrungsfeld der Natur vor Augen führt.

ASPEKTE FÜR EINEN MONOLOG

Zu 2: Anbindung an Text und Konzeption der Figur Narziß; Abwägung eines alternativen Lebensweges; Frage nach Sinn und Glück im Leben; Umsetzung der formalen Kriterien eines inneren Monologs.

Aufgabe 3 **

Textgrundlage: Auszüge z. B. S. 46–47, S. 78–80, S. 176–180
1. Analysieren Sie die Textauszüge unter besonderer Berücksichtigung der Leitmotivik und ihrer Funktion.
2. Am Ende seines Lebens sagt Goldmund: „Ohne Mutter kann man nicht lieben. Ohne Mutter kann man nicht sterben" (S. 305). Versetzen Sie sich in die Lage Goldmunds und erklären Sie in einem Tagebucheintrag, was genau mit diesen Worten gemeint ist.

Mögliche Lösung in knapper Fassung:

ANALYSE

Zu 1: Im Leitmotiv der Urmutter wird Goldmunds (unbewusste) Suche nach Einheit versinnbildlicht, so wie es in verschiedenen kurzen oder längeren Textauszügen zum Ausdruck kommt. Nachdem Goldmund das Bild seiner verdrängten Mutter erkannt hat, verspürt er bei seinen Begegnungen mit verschiedenen Frauen ihren ‚Ruf' zur Hingabe an das Gefühl von sinnlicher Geborgenheit (z. B. S. 79). Sie repräsentieren das Bild der Menschenmutter Eva, Glücks- und Todesquelle zugleich, wie es Goldmund auf seinem Weg jeweils auch widerfährt. Die Gestalt der Urmutter verweist symbolisch auf den Zusammenschluss von scheinbar unvereinbaren Gegensätzen, dessen Erkenntnis für Goldmund auf seinem Individuationsweg eine Glücksquelle für ein harmonisches Leben bedeutet. Mit seinem Tod glaubt er am Ende der Erzählung zur Mutter zurückzukehren.

ASPEKTE FÜR EINEN TAGEBUCH-EINTRAG

Zu 2: Anbindung an Text und Funktion der Leitmotivik der Urmutter; Reflexion des gegangenen Lebenswegs, Bewertung der jeweiligen Entscheidungen; Umsetzung der formalen Kriterien eines Tagebucheintrags.

Aufgabe 4 *

Textgrundlage: freie Verweise des Prüflings
1. Untersuchen Sie die Erzählung hinsichtlich der Bedeutung von Kunst für Goldmund.
2. Kunst als Medium der Einheit? Nehmen Sie hierzu Stellung vor dem Hintergrund des dargestellten Künstlerlebens.

Mögliche Lösung in knapper Fassung:

UNTERSUCHUNG

Zu 1: Aspekte: Goldmund erfährt bei Meister Niklaus, dem Schnitzer der ihn so beeindruckenden Mutter-Gottes-Figur, seine Berufung zur Kunst. Als Holzwerks-Künstler erlebt er innere Harmonie. Der Künstler kommt der Einheit näher, indem er sie wirklich erlebt – in seiner Lebensweise und in seiner Kunst als Ausdruck dessen. Kunst ist daher für Goldmund – auch für Narziß bzw. Abt Johannes am Ende des Romans – ‚ehrlicher' als das bloße Nachdenken über den Einheitsgedanken. Verweise auf Textstellen, in denen Goldmund mit Kunst in Berührung kommt, diese reflektiert bzw. produziert, sind z. B. S. 155–157.

ASPEKTE FÜR EINE STELLUNG-NAHME

Zu 2: Textbezug, Veranschaulichung der jeweiligen Position mit Beispielen aus dem Schülerhorizont.

LITERATUR

Zitierte Ausgabe:

Hesse, Hermann: *Narziß und Goldmund. Erzählung.* Frankfurt am Main: Suhrkamp, 1975. (suhrkamp taschenbuch 274)

Gesamtausgaben:

Hesse, Hermann: *Gesammelte Werke in zwölf Bänden.* Frankfurt am Main: Suhrkamp, 1987. (suhrkamp taschenbuch 1600). *Narziß und Goldmund* in Bd. 8, S. 5–320.

Ball, Hugo: *Hermann Hesse. Sein Leben und sein Werk.* Frankfurt am Main: S. Fischer, 1933. (suhrkamp taschenbuch 385)

Michels, Volker (Hg.): *Hermann Hesse. Sein Leben in Bildern und Texten*. Frankfurt am Main: Suhrkamp, 1979.

Weingarten, Ulrike: *Chronik zu Hermann Hesses Leben und Werk.* in: Text und Kritik. Zeitschrift für Literatur, 10/11, S. 116–122.

Baumann, Günter: *Hermann Hesses Erzählungen im Lichte der Psychologie C. G. Jungs.* Berlin: Schäuble, 1989.

Drewermann, Eugen: *Das Individuelle gegen das Normierte verteidigen. Zwei Aufsätze zu Hermann Hesse.* Frankfurt am Main: Suhrkamp, 1995. (suhrkamp taschenbuch 2458)

Field, George Wallis: *Hermann Hesse. Kommentar zu sämtlichen Werken.* Stuttgart: Akademischer Verlag Hans-Dieter Heinz, 1977. (Stuttgarter Arbeiten zur Germanistik. Nr. 24) Dieser Hesse-Kommentar bietet dem interessierten Leser einen umfassenden Einblick in die Hesse-Interpretation sowie ausführliche sprachliche und sachliche Erläuterungen.

Hsia, Adrian (Hg.): *Hermann Hesse im Spiegel der zeitgenössischen Kritik.* Bern: A. Francke AG Verlag, 1975.

Hsia, Adrian: *Hermann Hesse und China. Darstellung, Materialien und Interpretation.* Frankfurt am Main: Suhrkamp, 1974.

Käch, Rudolf: *Eichendorffs Taugenichts und Taugenichtsfiguren bei Gottfried Keller und Hermann Hesse.* Bern und Stuttgart: Paul Haupt, 1988. (Sprache und Dichtung. Band 39)

Kleßmann, Eckart: *Geheimnis ohne Duft. Narziß und Goldmund.* In: Reich-Ranicki, Marcel (Hg.): *Romane von gestern – heute gelesen.* Band II, 1918–1933. Frankfurt am Main: S. Fischer, 1996, S. 230–235.

Limberg, Michael (Hg.): *Hermann Hesse und die Psychoanalyse. Kunst als Therapie.* In: 9. Internationales Hermann-Hesse-Kolloquium in Calw, 1997. Bad Liebenzell: Bernhard Gengenbach, 1997.

Lüthi, Hans Jürg: *Hermann Hesse. Natur und Geist.* Stuttgart: W. Kohlhammer, 1970.

Ursula und Volker Michels (Hg.): *Hermann Hesse. Gesammelte Briefe.* Zweiter Band, 1922–1935. Frankfurt am Main: Suhrkamp, 1979.

Matzkowski, Bernd: *Wie interpretiere ich? Grundlagen der Analyse und Interpretation einzelner Textsorten und Gattungen mit Analyseraster.* Hollfeld: C. Bange, 1997.
Diese Ausgabe der Reihe Bange-Lernhilfen bietet dem Schüler ein grundlegendes Analyseinstrumentarium für den Deutschunterricht.

Michels, Volker (Hg.): *Über Hermann Hesse. Erster Band,* 1904–1962. Frankfurt am Main: Suhrkamp, 1976. (suhrkamp taschenbuch 331)

Michels, Volker (Hg.): *Über Hermann Hesse. Zweiter Band,* 1963–1977. Frankfurt am Main: Suhrkamp, 1977. (suhrkamp taschenbuch 332)

Neuswanger, Russell: *Names as Glassbeads in Hesse's Narziß und Goldmund.* In: Monatshefte für deutschen Unterricht, deutsche Sprache und Literatur. Madison, Wisc. 67, 1975, S. 48–58.

Nicolai, Ralf. R.: *Hesses Narziß und Goldmund. Kommentar und Deutung.* Würzburg: Königshausen & Neumann, 1997.

Pfeifer, Martin: *Hesse-Kommentar zu sämtlichen Werken.* München: Winkler, 1990. (suhrkamp taschenbuch 1740)

Schiefer, Peter: *Grundstrukturen des Erzählens bei Hermann Hesse.* Münster [Diss.], 1959.

Schneider, Christian Immo: *Das Todesproblem bei Hermann Hesse.* Marburg: N. G. Elwert, 1973. (Marburger Beiträge zur Germanistik. Band 38)

Schwarz, Egon: *Narziß und Goldmund.* In: *Hermann Hesse, Romane. Interpretationen.* Stuttgart: Philipp Reclam jun., 1994, S. 113–131. → *Diese Sammlung von Hesse-Interpretationen kann für den textkundigen Leser Ergänzung und Vertiefung der Materie sein. Die Ausgabe beinhaltet detaillierte Analysen der bedeutendsten Hesse-Romane.*

Ulshöfer, Robert: *Der Wandel des Menschenbilds in der Dichtung des 19. Jahrhunderts. Stilbetrachtungen auf der Oberstufe an Hand der dichterischen Menschenzeichnung.* In: *Der Deutschunterricht*, 3/1951, Heft 6, S. 4–43. (S. 39–42: *Der unbürgerliche Mensch in Hesses Narziß und Goldmund*)

Unseld, Siegfried (Hg.): *Hermann Hesse. Eine Werkgeschichte.* Frankfurt am Main: Suhrkamp, 1973. (suhrkamp taschenbuch 143)

Unseld, Siegfried (Hg.): *Hermann Hesse. Werk und Wirkungsgeschichte.* Frankfurt am Main: Suhrkamp, 1986.

Völpel, Christiane: *Hermann Hesse und die deutsche Jugendbewegung. Eine literarische Untersuchung über die Beziehung zwischen dem Wandervogel und Hermann Hesses Frühwerk. Bonn: Bouvier, 1977. (Studien zur Literatur der Moderne. Band 4)*

STICHWORTVERZEICHNIS

EIGENE NOTIZEN